京津冀多种能源低碳协同发展研究

郭晓鹏　杨晓宇　任东方　张耀川　著

·北京·

内 容 提 要

中国能源结构低碳化转型是实现国家低碳发展目标的需要，是经济新常态下的大势所趋。因此，诸如风能、太阳能、生物质能等清洁能源得到了国家政策的大力支持。

本书主要对京津冀多种能源低碳协同发展进行了研究，主要内容涵盖了燃煤火电发展分析、其他耗煤产业的发展分析、风力发电发展分析、光伏发电发展分析、京津冀地区电力低碳协同发展模型等。

本书结构合理，条理清晰，内容丰富新颖，是一本值得学习研究的著作，可供相关研究人员参考使用。

图书在版编目(CIP)数据

京津冀多种能源低碳协同发展研究/郭晓鹏等著. —北京：中国水利水电出版社，2018.7 (2025.4重印)

ISBN 978-7-5170-6715-3

Ⅰ.①京… Ⅱ.①郭… Ⅲ.①低碳经济—区域经济发展—协调发展—研究—华北地区 Ⅳ.①F127.2

中国版本图书馆 CIP 数据核字(2018)第 185394 号

书　　名	京津冀多种能源低碳协同发展研究 JINGJINJI DUOZHONG NENGYUAN DITAN XIETONG FAZHAN YANJIU
作　　者	郭晓鹏　杨晓宇　任东方　张耀川　著
出版发行	中国水利水电出版社 (北京市海淀区玉渊潭南路 1 号 D 座 100038) 网址：www.waterpub.com.cn E-mail：sales@waterpub.com.cn 电话：(010)68367658(营销中心)
经　　售	北京科水图书销售中心(零售) 电话：(010)88383994、63202643、68545874 全国各地新华书店和相关出版物销售网点
排　　版	北京亚吉飞数码科技有限公司
印　　刷	三河市元兴印务有限公司
规　　格	170mm×240mm　16 开本　10 印张　130 千字
版　　次	2019 年 2 月第 1 版　2025 年 4 月第 3 次印刷
印　　数	0001—2000 册
定　　价	48.00 元

前　言

中国能源结构低碳化转型是实现国家低碳发展目标的需要，是经济新常态下的大势所趋。因此，诸如风能、太阳能、生物质能等清洁能源得到了国家政策的大力支持。但是，受资源禀赋特征影响，我国在未来较长的一段时间内仍将以燃煤火电为主，新能源发电与传统煤电之间的矛盾依然突出。两者之间既存在着相互补充的关系，也存在着明显的竞争关系。如何以低碳发展为目标，科学合理地协调两者的发展，是当前亟待研究解决的问题。许多专家学者在这些方面已取得了很好的研究成果和进展，本书在现有成果的基础之上，以京津冀地区的多种能源低碳协同发展问题为研究对象，梳理了相关的政策，分析了主要的产业，并构建了分析模型进行研究，以期能够为京津冀地区的能源低碳化发展建言献策，贡献绵薄之力。

全书共分 8 章：其中第 1 章和第 2 章是概述部分，交待了本书的主要研究背景和出发点，简介了一些和研究相关的理论支撑和方法；第 3 章整理了京津冀地区燃煤火电发展的现状，梳理了相关的发展政策，分析了燃煤火电目前存在的问题和挑战；第 4 章进一步梳理了京津冀地区其他煤炭相关行业的状况及发展趋势；第 5 章和第 6 章分别介绍了风电和光伏发电的现状、存在的问题及发展趋势，梳理了相关的发展政策；第 7 章以燃煤火电和风电为主，建立了京津冀地区低碳电力发展的系统动力学分析模型，并对仿真结果进行了分析；第 8 章结合前面的分析讨论提出了一些发展建议。本书的撰写得到了北京市社会科学基金项目(16YJC062)和中央高校基本科研业务费专项资金(2017MS082,

2018ZD14)的资助，在此深表谢意！

另外，在过去的几年里，研究生任东方、石佳星、张耀川、杨晓宇和我一起学习，一起科研，共同成长。他们为本书的撰写做了大量的具体而又细致的工作，在此对他们表示衷心的感谢！希望今后无论从事何种工作，大家都能够不忘初心，积极进取，取得更多、更好的成绩。共勉！

郭晓鹏

2018年5月25日

目　录

第1章　研究背景分析

1.1　低碳发展分析

低碳发展是一种以低耗能、低污染、低排放为特征的可持续发展模式，对经济和社会的持续发展具有重要意义。我国社会经济发展迈入新常态，在发展观、发展方式、发展内涵上正发生着深刻的变化，“绿色”“低碳”等发展理念逐渐渗透到各行各业。自2009年首次提出具体的温室气体排放目标以来，环境保护和节能减排问题广受关注。到了2013年9月，国家又明确提出了大气污染物控制的具体目标（其中，明确要求京津冀地区实现煤炭消费总量负增长），这对传统的煤炭产业和火力发电产生了重大的影响，并为清洁能源发电提供了良好的契机，是能源低碳发展的关键时期。

1.1.1　国内外低碳发展过程

工业文明为人类带来进步的同时也破坏了人类赖以生存的环境。人类已经越来越意识到保护环境的重要性，国际社会已经明确提出了要减少二氧化碳的排放，把控制大气中的温室气体浓度上升作为国际共同的义务和责任，低碳发展被正式写入越来越多的发展纲领之中。2007年，联合国讨论制订了应对气候变化的“巴厘岛路线图”，要求发达国家在2020年前将温室气体排放减少25％～40％，为全球进一步迈向低碳经济起到了积极的作用。2009年的八国集团峰会上再次提出，到2050年，全世界温室气体排放至少应减少50%。这都意味着低碳化的时代已经到来。

低碳发展的理念最早源自于1997年的《京都议定书》,该议定书中对2010年的温室气体排放做出规定,达到比1990年减少5.2%的目标。而"低碳经济"最早是英国在2003年的《我们能源的未来:创建低碳经济》一书中提出。旨在减缓气候变化和促进人类的可持续发展,实质是提高能源效率和增加清洁能源的使用,并依靠技术创新和政策措施进行能源革命,建立一种低排放的经济发展模式。这一理念是工业文明之后的又一次重大进步,是人类生存发展观念的根本性转变。

改革开放后我国取得了众多举世瞩目的成绩,但也存在着许多问题,例如结构不合理、产业层次低、生产方式落后、能源消耗高、资源浪费、污染严重等。作为一个发展中国家,我国在发展经济的同时,碳排放也是十分严重的。从1990年到2010年,中国的温室气体和二氧化碳的排放量呈现逐年上升趋势。据"全球碳计划"数据显示,2013年人类碳排放量达360亿吨。其中排名前五位的国家分别为中国29%,美国15%,欧盟10%,印度7.1%,俄罗斯5.3%。单从这一年看,中国的碳排放总量超越了美欧总和。虽然中国的人均排放量低于美国等发达国家水平,但是已经首次超过欧盟人均水平。

我国在党的十八大报告中首次提出"推进绿色发展、循环发展、低碳发展"的概念,在政策鼓励和全社会的不断努力下,我国的低碳发展已经取得很大进步。淘汰了许多不利于低碳经济的企业和设备,新建大批节能减排的设施,通过区域规划和宏观政策调整促进能源结构转型,清洁能源的使用得到广泛推广。在未来,我国将进一步加大低碳发展力度,实现我国的节能减排计划。

1.1.2 我国低碳发展现状

(1)低碳城市

建设低碳城市是世界城市发展的主流方向,随着低碳生态城市理念的不断深入，我国已经有越来越多的城市开始低碳规划和建设。但是低碳城市的发展尚处于起步阶段，并且正在从理论不断走向实践，走向成熟。低碳城市的理念不仅在中国，在很多国家均有实践，已成为世界各地的共同追求。目前，国外低碳城市发展的几种典型模式有：丹麦模式——低碳社区；英国模式——应对气候变化的城市行动；瑞典模式——可持续行动计划；日本模式——低碳社会行动计划；美国模式——低碳城市行动计划等。

我国也在积极推进低碳城市的发展。2010年国家发展改革委正式启动了五省（广东、辽宁、湖北、陕西、云南）八市（天津、重庆、深圳、厦门、杭州、南昌、贵阳、保定）低碳试点工作，这些地区全面纳入了“十二五”的试点省和试点城市低碳发展规划。规划中明确提出了温室气体的排放目标以及对排放量统计和管理的体系，部署了相关工作措施，积极倡导绿色生活方式和低碳消费的模式。与此同时，低碳的发展模式也逐渐向中小城镇和农村延伸，例如《住房和城乡建设部低碳生态城（镇）申报管理暂行办法》和《绿色低碳重点小城镇建设评价指标（试行）》的颁布进一步明确了低碳试点示范的遴选、评价和指导工作要求。在“十二五”期间绿色小城镇和绿色村庄试点项目逐步增加到100个。

低碳城市的发展存在着诸多问题和挑战。在理论上，各阶层和部门间在认识程度上存在不同程度的差异，理论体系薄弱，没有形成健全的理论体系。在实践过程中，主要存在三方面问题，一是注重微观指标设计而忽略宏观指标建立，多地政府在提出相关的建设目标时，不是完全根据城市自身发展阶段和特点，而是一味与政绩考核等因素挂钩所做出的跟风之举；二是注重大城市而忽略中小城市的低碳发展；三是注重新建城市和地区而忽略许多老旧城市，而这些地方更应该注重低碳建设。

(2)制造业低碳发展

制造业是我国国民经济增长的主导产业，占国民生产总值的比重较高，其发展能够带动整个经济的发展。较其他行业而言，制造业的能源消耗量大且利用率低，浪费了大量的不可再生资源，不仅造成资源枯竭的局面，还严重影响了环境健康，使得二氧化碳大量排放加剧了全球变暖。

制造业要想繁荣发展必须走绿色低碳发展的道路，推动工业文明与生态文明协调发展。我国在"十二五规划"中特别强调了低碳经济的发展，全面各地建立和完善了有关温室气体排放的统计监测和考核体系，切实保障实现控制温室气体排放行动目标。近年来，节能、节材和环保技术设备不断更新，制造业纷纷淘汰落后生产能力，推广高效绿色生产工艺，从而提高能源资源利用效率；通过低消耗、低排放的绿色制造流程降低制造业能源消耗总量，积极尝试合同能源管理、节能自愿协议、碳交易、排污权交易等节能减排新机制，加快形成工业绿色低碳发展的长效机制。

(3)低碳交通

我国的交通运输行业是能源消耗量最大，能源消耗增长最快的行业，是全国广泛关注的节能减排的重点行业之一。目前，我国电动汽车的使用尚未普及，普通汽车的燃料多为汽油和柴油，汽车尾气中含有大量的温室气体和有害气体，是造成空气污染的重要因素。我国在低碳交通方面的治理措施主要有：老旧机动车的淘汰、油品的升级、新能源和节能汽车的推广、公共交通的推广等。

我国交通行业节能减排取得了一定成效，其中，2014 年国家铁路能源消耗折算标准煤 1816.1 万吨，同比下降 0.5%，单位运输工作量综合能耗 4.54 吨标准煤/百万换算吨公里，下降 3.0%；国家铁路化学需氧量排放量为 2107 吨，下降 1.7%，二氧化硫排放量为 3.5 万吨，下降 6.6%。2013 年公路班线客运企业每千人公里单耗 11.6 千克标准煤，下降 0.4%；远洋和沿海货运企业每千吨海里单耗 5.9 千克标准煤，下降 5.8%；港口企业每万吨单耗 2.9 吨标准煤，下降 3.8%。这些数据表明，近年来交通行业的低碳发展有所改善，并逐步良性发展。

(4)能源低碳

我国正在从经济大国向经济强国迈进，经济结构转型的同时能源结构也必须做出调整，在我国能源结构低碳化调整的过程中，新能源发电和传统燃煤发电之间存在着相互补充的关系，也存在着明显的竞争关系。如何以节能减排为约束，科学合理地协调两者的发展，是经济新常态形势下亟待研究解决的问题。能源结构低碳化是发展的大势所趋。

赵小平(2009)指出坚定不移地发展清洁电力，提高能源效率，减少污染物排放，保护生态环境是世界电力工业发展的大趋势，也是中国电力工业健康发展的内在要求。我国正在进一步提高清洁能源发电的比重，优化发电结构。尽管能源结构低碳化调整主要是降低煤电比重，同时提高新能源发电的比例，但火力发电在将来的一定时间段内仍是我国电力的主要来源(解玉磊，2013)。因此实现能源低碳就要使各种能源协同发展。

能源是国民经济发展的重要基础，改革开放以来，我国能源发展速度十分迅速，能源供应保障能力不断加强，保障体系逐步完善，但我国能源体系具有明显的高碳特征，以煤为主的化石能源在消费结构中占主导地位。这种能源结构和现状导致了过多的温室气体排放，对环境造成威胁，挤占了低碳能源技术的应用空间的同时，也带来安全供应的隐患。

1.1.3　我国低碳发展对策及存在的问题

全球气候变暖越来越引起人们的关注，二氧化碳排放也成为经济发展的一大约束，低碳发展本质上是一种经济社会发展模式。低碳发展在降低二氧化碳排放量的同时，还要保证能源效率和经济效益的提高。我国推进低碳发展面临着多重压力，一是我国正处于工业化中期阶段和城市化加速阶段，不可避免碳排放量居高；二是我国“富煤、少气、缺油”的资源特点，化石能源比重大，火力发电仍是主流形式，“高碳”能源占绝对统治地位；三是国际社会的减排压力。

(1)低碳发展对策

气候变暖、空气质量恶化、能源匮乏等是全球各国急需解决的问题,因此节能减排、发展低碳经济是未来发展的趋势。我国高能耗、高排放的现象十分严重,因此低碳发展是我国经济发展的必经之路。目前,国际上流行的两种低碳减排政策为:碳交易和碳税。

碳税(carbon tax)是指针对二氧化碳排放所征收的税。对排放二氧化碳征收费用是为了对排放源进行限制,通过削减排放量来缓解全球变暖的趋势。碳税按照汽油、航空燃油、天然气等化石燃料产品的碳含量的比例征收,是一种基于价格调控的市场化环境政策工具,实质上是国家对单位碳排放以税的形式设定一个价格,排放企业或单位针对自身排放量的多少支付一定的税费。征收碳税对低碳发展具有推动作用,首先碳税的税额是依据燃料燃烧后的排碳量,为了减少费用支出,各企业就会减少使用化石燃料,这也增加了替代能源与化石能源的成本竞争力,进而推动替代能源的使用。其次,征收的碳税可用于资助环保项目或减免税额,可谓一举两得。

碳交易市场的发展和交易机制的完善不仅能调动社会各方面参与节能减排的积极性,还对实现全球经济的可持续发展、保护人类赖以生存的生态环境具有极大的推动作用。近年来,国内外碳交易市场发展迅猛,在交易总量、运行机制、政策制度和各方参与积极性方面,都呈现出良好的发展态势。中国是最大的发展中国家也是碳排放最大的国家,节能减排责任重大,压力重重。我国的碳市场能力建设中心于2016年8月正式揭牌,2017年上半年完成全国碳市场的碳排放配额的分配,并将于2020年结束中国碳交易市场的初期运营阶段,建立全国统一的碳交易市场势在必行。

(2)低碳发展中的问题

能源结构分布是制约低碳发展的一方面原因。我国已知的能源储量中，煤炭的存储量高达 94%，而石油和天然气的存储量仅有 5.4%和 0.6%。这种“富煤、缺油、少气”的特点，决定了中国以煤炭为主要能源的消费格局将长期存在。为了促进能源结构的多样化，我国采取了很多措施，虽然有所改善，但近年随着国际石油和天然气价格攀升以及经济的快速增长，煤炭在能源消费中的比重又有回升势头。在众多能源中，煤炭燃烧产生的二氧化碳是最多的，单位排放量是天然气的近两倍，尽管我国近年来大力发展风能、太阳能、生物质能等新能源，但其消费占总能源消费的比重仍然不足，不能满足我国生产和消费的需要。由于能源结构调整的难度大，中国在向低碳发展模式转变的过程中将比其他国家面临更多的困难。

我国当前所处的经济发展阶段也是低碳发展的一大阻碍。工业化的加速发展的中期阶段，经济增长对投资依赖性大。从工业发展来看，投资增加促进重工业的发展，能源行业和交通行业的需求增长。从居民生活来看，随着经济增长、人均 GDP 增加，居民生活质量提高，碳排放水平也增加。此外，部分地区的经济发展以砍伐森林、破坏环境为代价来促进经济发展，使得碳排放量随之增加。

我国在低碳发展和节能减排方面的投资不足。据有关专家估计，我国由高碳经济向低碳发展的转型过程中，引进技术的年需资金应当达到 25 亿美元(约合 167 亿人民币)，而目前的财政支出预算尚未达到这个水平，因此在资金投入上的缺口可能成为我国走低碳发展之路的阻碍。

1.1.4　低碳技术

低碳技术是各行业节能减排的关键，先进的低碳技术可以帮助电力、交通、建筑、冶金、化工、石化等部门提高对化石能源、可再生能源、新能源的利用效率，加快油气资源和煤层气的勘探开发和利用，而采用二氧化碳捕获与埋存等技术可以大大的减少污染气体的排放，低碳技术引领了能源利用方式的转变。

典型的低碳技术就是碳捕获与封存技术，简称 CCS，它是指把有关能源产业所产生的二氧化碳收集起来，并利用技术手段将其输送并封存到海底或地下等与大气隔绝的地方以避免其排放到大气中的一种技术，被认为是未来大规模减少温室气体排放、减缓全球变暖最经济可行的方法。我国的 CCS 技术还处于研发阶段，封存地的地质勘查、储存潜力评估和生态环境影响评价方面仍有待研究。同时，引入 CCS 技术会增加 30%～70%的发电成本和 20%以上的能源消耗，因此该技术尚不稳定，存在不确定因素，在较长时期内都应定位为技术储备。

提高能源利用效率是发展低碳技术的主要目标之一，各种化石能源的碳排放系数是不同的，在未来的发展中不仅要节约能源，更要提高能源在使用过程中的转化效率，降低二氧化碳的排放水平，其中各种化石能源的碳排放系数见表 1-1 所示。碳排放系数是指每一种能源燃烧或使用过程中单位能源所产生的碳排放数量。一般在使用过程中，根据 IPCC 的假定，可以认为某种能源的碳排放系数是不变的 。表 1-1 中的“二氧化碳排放系数”计算方法如下：以“原煤”为例

$$1.9003=20908*0.000000001*26.37*0.94*1000*3.66667$$

表 1-1　各种能源折标准煤及碳排放参考系数表

能源种类	平均低位发热量 (kJ/kg)	折标准煤系数 (kgce/kg)	单位热值含碳量 (吨碳/TJ)	碳氧化率	二氧化碳排放系数
原煤	20908	0.7143	26.37	0.94	1.9003kg－CO_2/kg
焦炭	28435	0.9714	29.5	0.93	2.8604kg－CO_2/kg
原油	41816	1.4286	20.1	0.98	3.0202kg－CO_2/kg
燃料油	41816	1.4286	21.1	0.98	3.1705 kg－CO_2/kg
汽油	43070	1.4714	18.9	0.98	2.9251kg－CO_2/kg
煤油	43070	1.4714	19.5	0.98	3.0179kg－CO_2/kg
柴油	42652	1.4571	20.2	0.98	3.0959kg－CO_2/kg

续表

能源种类	平均低位发热量(kJ/kg)	折标准煤系数(kgce/kg)	单位热值含碳量(吨碳/TJ)	碳氧化率	二氧化碳排放系数
液化石油气	50179	1.7143	17.2	0.98	3.1013kg−CO_2/kg
炼厂干气	46055	1.5714	18.2	0.98	3.0119kg−CO_2/kg
油田天然气	38931	1.3300	15.3	0.99	2.11622kg−CO_2/kg

说明：1. 低(位)发热量等于 29307 千焦(kJ)的燃料，称为 1 千克标准煤(1 kgce)。

2. 上表前两列来源于《综合能耗计算通则》(GB/T 2589−2008)。

3. 后两列来源表《省级温室气体清单编制指南》(发改办气候[2011]1041 号)。

目前我国的低碳技术的开发和应用已经达到一定水平，“十一五”规划以来，低碳技术取得了很大进展，并且部分技术的应用位于世界前列，如整体煤气化联合循环(IGCC)、超超临界工艺、电池技术、建筑和工业节能、风能应用技术等，有望在将来占领国际市场。

1.2　经济新常态下的电力需求分析

电力是国民经济发展中的支柱产业，是关系国计民生的基础产业，对经济发展起到决定性作用。由于电力产品不可大量存储且不可或缺，所以它关系到生产企业、居民生活、经济安全等诸多方面。我国的电力行业总体上经历了从短缺到平衡再到过剩的三个阶段，目前正处于供大于求的境况，且增长十分迅速。在经济增长缓慢、环境治理、资源整合压力大的新常态下，电力企业也应该积极的调整生产结构，积极转型以谋求更好更快的健康发展。因此本章节将对新常态下的电力需求问题进行分析。

1.2.1　经济新常态的基本内涵

“新常态”一词是 2014 年 5 月习近平总书记在考察河南的行

程中首次提出的，它准确地阐释了我国在社会主义新时期各个领域所面临的新情况、新状态。

经济新常态首先是经济发展方式的转变。改革开放以来的十几年，是我国的经济飞速发展阶段，在各方面均取得重大突破的同时也付出了一些代价，环境遭到破坏、能源面临紧缺、人们的身心健康受到威胁，这些问题都是不容忽视的。随着人们生活质量的提高，继续一味追求经济的增长而忽略持续健康发展已经无法适应新时代的潮流，这种增长模式也再难持续。经济新常态就是从追求增长速度向追求发展的稳定性、持续性和全面性战略思维的转变，本质上是发展方式的转变。这种转变是人口红利消失使劳动成本上升、长期高投资由于投资效率下降而降速、消费需求无法很快上升以及国际环境变化使出口需求下降等原因造成的。

经济新常态也是经济增长形态的跳跃。经济增长的实质是资源优化配置，产业结构持续演进的动态调整过程。我国当前的产业配置情况是钢铁、水泥等行业产能过剩，而服务行业和社会保障行业的建设力度不足。今后我国的经济发展要从粗放型向集约型演变，从追求经济增量向调整经济结构转变，包括提升服务业比重、扩大消费需求、缩小收入差距、改善地区和城乡不平衡、降低资源消耗和保护生态环境等。

创新驱动是我国经济进入“新常态”的核心动力，由投资驱动转向创新（技术创新和制度创新）驱动，由主要靠生产要素投入推动增长转向主要靠提高效率即全要素生产率驱动。习近平总书记(2014)指出，我国经济发展新常态的首要特征是经济将从高速增长状态转向中高速增长。

总之，经济新常态下我国经济正在发生着巨大转变，经济形态更高级、分工更加复杂、结构更加合理，发展速度从高速增长转变为中高速增长；发展方式从规模速度型粗放增长逐步转变为以质量和效率为目标的集约型增长；增量扩能为主的经济结构转向调整存量、做优增量并存的深度调整；经济发展动力向新的增长点迈进。经济新常态在本质上既是发展方式的转变，又是增长形态的跳跃，还是动力机制的切换，是我国顺应世界发展潮流，谋求改革发展的重要体现。

经济新常态揭示了我国未来一段时间内经济发展的阶段性特征、经济周期性波动的内在规律、经济发展模式转换的基本方向和经济发展方式转变的内在趋势，是指导未来我国经济社会协调发展的理论指南。只有准确把握经济新常态的基本内涵才能实现我国经济的健康稳定发展，认清新阶段的发展方向，制定切实可行的发展目标。

1.2.2　新常态下的电力结构转型

经济发展，电力先行。我国经济进入新常态的同时，电力的发展也随之进入新阶段。电力消费呈现出以下特征。

首先，进入经济新常态全社会的电力需求增速放缓，截至 2015 年，全社会用电量增速下降到 0.5%，比 2012 年下降了五个百分点。其中，第三产业的用电量明显上升，同比增长 7.5%，这说明我国经济结构取得了明显转变。第一产业和第二产业随着技术进步和经济发展用电量都有所下降，分别同比下降了 2.5% 和 1.4%。服务业逐步成为我国经济增长的主要动力意味着中国经济正在由原来的工业主导型经济向服务主导型转变，这种趋势将对中国经济增长、就业以及各个方面带来深远而持久的影响。

其次，电力消费增长动力由制造加工业转变为旅游、养老等服务行业和居民生活用电，电力需求结构得到进一步优化，能耗高的相关行业产能过剩且电力消费疲软，2015 年四大高耗能行业用电量比重降低 1.2 个百分点，同比下降 3.4%，这也是导致全社会电力消费增速大幅下降、第二产业及其工业用电负增长的主要原因。

最后，随着电力结构的优化，电力消费呈现地区差异性。非化石能源装机容量呈现出快速增长态势，其中，2015 年水电装机容量31937万千瓦,同比增长4.9%;核电装机容量2608万千瓦,同比增长29.9%;并网风电装机容量12934万千瓦,同比增长33.5%;并网太阳能发电装机容量4318万千瓦,同比增长73.7%。与此同时,非化石能源发电量增加速度十分可观。从消费地区来看,东部地区电力消费增速相对较高且稳定,而东北地区增速下降幅度最大。由于东部地区高耗能产业比重小、产业结构多元化、电力消费增速下降幅度较小,所以东部地区是我国电力消费最大的地区。东北部地区和西部地区高耗能产业相对集中,产业结构单一,因此较大程度地受高耗能产业转型升级的影响,电力消费增速下降幅度明显。

随着中国经济发展进入新常态,经济增速放缓,电力消费随之放缓增速,电力生产与消费也呈现出新常态特征。国家在2015年底发布的《关于有序放开发用电计划的实施意见》文件中指出:纳入规划的风能、太阳能、生物质能等可再生能源发电,以及调峰调频电量均可享受优先发电政策,促进节能减排。虽然新能源的发展得到了国家政策的大力支持,但是,受资源禀赋特征影响,我国未来较长一段时间内仍将以燃煤火电为主。新能源与传统煤电的矛盾仍然会比较突出。尤其是在煤炭企业长期低迷的情况下,部分煤炭资源大省为了缓解煤炭企业的困境,会倾向于诸如“保煤弃风”之类的地方保护政策。这将对京津冀地区协同治理雾霾和低碳化能源结构转型产生不利影响。

1.2.3 电力需求分析

电力需求预测和分析对于发展中国家十分重要。这主要是因为这些国家经济增长快,体制问题和改革可能对电力需求有重大影响。此外,社会经济条件、突发事件以及能源价格补贴等也常常影响电力需求。近几年我国经济社会发展进入新常态,电力需求增长也出现了新特点。一方面是电力需求增速将大幅下降,随着经济增速放缓,产业结构持续优化调整,能源电力需求增速显著下滑。我国新常态始于2012年，其主要特征是传统高耗能行业增速明显放缓，产业结构调整是导致用电需求增幅放缓的主要原因。2014年全社会用电量5.52万亿千瓦时，同比仅增长3.8%，较2013年下降3.7个百分点，为1998年以来最低水平。2015年上半年全社会用电量增速仅为1.3%，再创1998年以来的新低。另一方面，经济增长方式的转变对电力需求的影响十分明显，第三产业和居民用电比例的增加使我国的电力需求结构面临调整。但长期以来我国都依靠第一产业和第二产业促进经济增长，制造业的规模庞大，需要逐步缩减，因此未来第二产业用电量持续占有一定的比重。在此背景下，电力行业要尽快适应新常态，随着经济发展做出积极调整，更好地满足社会用电需求，为国民经济发展打好基础。

(1)影响电力需求的因素

电价对需求的影响。电价机制对电力产品的生产、销售、使用等过程进行调节与控制，电价的形成机制保证市场的公平竞争和高效运行。经济的飞速发展使电力供需矛盾突出，合理的电价政策能够刺激消费，调整地区电力负荷和需求结构。电价作为电力供需之间联系的纽带对电力需求具有一定影响，国家或政府制定电价是为了利用经济杠杆来调整用户的用电时间和用电量，从而提高电网负荷率，最终使电力系统负荷特性曲线发生有利的变化。电价对电力需求的影响程度随市场化程度提高而变大。首先，当电价水平超出企业的利润范围时，用电量就会减少。如果区域电价较低就会吸引高耗能企业的入驻，从而使该地区电力需求增加。其次，峰谷电价制度能够调节高峰期电力负荷，尤其在电力需求较大但电力供应不足的地区，峰谷电价是缓解电网高峰时段电力供需紧张、移峰填谷、改善电网负荷特性的有效措施。

国家相关政策的出台以及需求侧管理对电力需求的影响。为保证电力产业的稳定发展以及为各行各业提供稳定的电源，我国出台了一系列针对性措施，例如用电政策、节能减排政策、产业和能源政策、环保政策等，这些政策强有力地限制了部分不符合产业政策与产业布局的高能耗、高污染、低产出的用电企业的用电状况，因此也影响了电力需求。所谓电力需求侧管理(Demand Side Management)就是国家和政府部门采取有效的激励和引导措施等，联合电网企业、能源行业、用户等多方来提高终端用电效率或改变用电方式，在满足使用的情况下尽可能地减少电力消耗和电力需求，有效保护环境和节约资源，以最低的成本实现社会效益最大化的管理活动，这一系列活动对社会各方面的用电需求具有一定影响。

经济对电力需求的影响。宏观经济是电力需求的主要因素，当经济形势利好时电力需求增长较快，而经济增长形势发生变化时也会影响到电力需求格局。经验研究证明了在GDP与电力消费之间存在着显著且稳定的正相关关系。表1-2标明了近年来GDP增速和电力消费之间的关系(中国电力百科全书·电力系统卷，1997)。电力与经济增长的关系用两个指标加以反映:电力弹性系数，用于反映经济增长与电力消费增长之间的关系;电力消费强度，用于反映电力消费总量与经济总量之间的关系(张丽峰，2006)。

表1-2 GDP增速与电力消费增速的关系变化情况

年份	GDP增速(%)	电力消费增速(%)	用电弹性
1998	7.8	2.8	0.36
2000	8.4	9.4	1.12
2006	12.7	14.6	1.15
2007	14.2	14.4	1.01
2008	9.6	5.6	0.58
2009	9.2	7.2	0.78
2010	10.6	13.2	1.25
2011	9.5	12.1	1.27
2012	7.7	5.9	0.77
2013	7.7	7.5	0.97
2014	7.3	3.8	0.52
2015	7.0	2.0	0.29

(2)京津冀地区电力需求分析

京津冀地区的电力供应一直以来呈紧张局势,随着京津冀协同一体化发展战略的实施,环首都经济圈的快速发展对电力的需求仍将不断增长。在落实国务院《大气污染防治行动计划》的前提下,为保证电力安全稳定供应,发展清洁能源是最佳选择。华北地区的能源与电力负荷分布存在着不平衡性,东部地区经济发展较快,是华北电网的负荷中心,西部的山西、蒙西地区的煤炭资源较为丰富,是华北电网的重要送端。京津冀地区是华北地区主要的电力消费地,同时还担负着保证首都安全供电的责任。

一般以工业为主的第二产业比重越大则电力需求也越大,第二产业用电增长对全社会用电增长的贡献率已达到80%以上。京津冀地区的产业结构存在不平衡性,河北省地区以第二产业为主,因此电力消耗最大。其次是天津、北京多以第三产业为主,电力需求相对较少。随着京津冀地区经济结构和产业结构的逐步调整,国民经济将从“重工业”向“服务业”转变。但在大气污染防治的压力下,国务院提出京津冀区域新建项目禁止配套建设自备燃煤电站,除热电联产外,禁止审批新建燃煤发电项目,力争实现煤炭消费总量负增长,若不加快新能源发电项目的实施,京津冀地区将会面临缺电现象。有业内人士曾表示:“虽然近年来包括京津冀在内的全国范围内的能源需求增长放缓,但未来仍会有大幅增长,再加上电力设施建设周期长,如果不加快建设,未来可能会出现缺能缺电的状况。尽管京津冀地区可以通过加快发展天然气发电、风能、太阳能等清洁能源来缓解能源供应紧张的局面,但其供应远远不足”。

京津冀等地区仍处于工业化发展阶段,尤其是河北省地区的城镇化和工业化有较大发展空间,在工业化的进程和“以电代煤”政策的实施的前提下,未来京津冀地区的电力需求仍将不断增长,如果电力需求不能得到充分满足,经济发展将会受到极大制约。随着京津冀一体化发展的提速,预计“十三五”期间京津冀全社会用电量年均增长约降低为4.2%。

目前，京津冀地区电源装机已达7300万千瓦，随着京津冀一体化的推进，电网建设也进行了深度融合，其中北京、天津电网各自形成500千伏环网，并与冀北电网共同形成了京津唐环网结构，河北南网初步建设完成500千伏“日”字形网架结构，输电通道可接受约2900万千瓦外来电力，使该地区的电力供应得到了充分保障。就目前来看，虽然风电和光伏装机容量在全国的排名靠前，但煤炭仍然是京津冀地区的能源供给的主要来源。在未来的一体化进程中，京津冀地区尤其是河北省应通过专用输配电网络的建设加强可再生能源电力的外送能力，提高可再生能源并网率，同时也要突破城市间的输电瓶颈和输配电效率，例如张家口与北京、天津之间的电源输送，减少弃风率。由此看来，京津冀地区的用电需求在未来一段时间内将保持平稳态势。

1.3　电力低碳转型的政策分析

随着全球经济以及社会的发展，我们的环境已经遭到很大程度的破坏，电力行业作为经济发展中最大的二氧化碳排放行业，更加的需要进行低碳环保的发展方式。我国陆续出台了许多有力的政策能够帮助电力行业更好地转型升级，实现可持续发展。

1.3.1　环保相关政策

我国的环境保护工作虽然取得积极进展，但环境形势依然严峻，必须把环境保护和大气污染防治工作摆在重要的战略地位。电力行业是主要的大气污染源之一，电力环保是国家较为重视的议题，电力环保行业针对发电过程中导致的环境污染问题对二氧化硫、烟尘、氮氧化物等进行处理，主要包括电站除尘行业、电站脱硫行业和电站脱硝行业。

我国的电力环保装备不断升级，污染治理已达到世界先进水平:低温电除尘、湿式电除尘等高效率技术具有一定规模;平均除尘效率达到99.9%以上;煤电烟气脱硫机组占总装机容量的90%以上;氮氧化物排放水平达到0.61g/kW·h(截至2015年)。“十三五”期间超低排放成为电力部门的首要环保目标,电力烟尘、二氧化硫、氮氧化物的排放水平分别降至最低,同时废水和固体废弃物也将引起电力部门的重视。

我国在环境保护和应对气候变化方面的法制化建设不断推进,但目前还没有形成专项法律法规。电力部门低碳发展主要依据出台的各种规划、行动方案以及向国际社会作出的有关减排承诺来实现。如《可再生能源法》《清洁生产促进法》《循环经济促进法》《应对气候变化国家方案》《中美联合声明》,以及碳市场建设、低碳发展试点、碳排放统计核算、低碳发展技术产品标准等。一些激励政策是实现电力低碳转型的有力保障,例如环保电价、超低排放电价等,为了促进电厂加快污染治理,政府给予提前完成的电厂一定的资金奖励,并采取奖励发电量指标或者优先上网发电的方式。

1.3.2　发电相关政策

电力系统是我国耗能主体,但能源结构仍然存在着不合理的地方,与发达国家尚有差距。在政策上积极推动电力系统的低碳转型,是实现可持续发展和实现节能减排目标的必然途径。

我国电力部门的制度改革是一个循序渐进的过程,环境在不断地发展和变化,从1949—1985年的政企合到1985—1997年以省为实体、集资办电,再到1997－2002年的政企分开,以及2002年至今的厂网分开、统一调度,电力企业已经发展的日趋完善。目前中国电力已经形成五大发电集团,分别是:华电集团、华能集团、国能投集团、大唐集团和国电投集团;两大电网公司,分别是:国家电网公司和南方电网公司;它们均由国家电力管理委员会(SERC)统一管理,由国家发改委集中操控各项规划目标、项目审批和定价政策。电力是我国的基础产业，具有牵一发而动全身的特点，因此其改革相对缓慢，且具有针对性。

(1)短期政策

由于在短期内无法改变火力发电的主体地位，这就要求政府和相关部门在生产中能够降低能耗并提高发电效率。进一步深化电力体制改革首当其冲作为政策制定的关键，在政府的主导下逐步依据市场规律深化电价改革、煤电结构改革和制度改革，来解决电煤价格之争和电价与成本矛盾(蔡皓，2010)，继续调整和优化我国火电装机结构，协调中央集中管理与地方分散办电的关系(王建，2006)。其次，财政税收政策能够以严格的能效标准和环境约束来规划能源企业的发展，优惠性政策可以鼓励各种能效技术和清洁煤炭技术和设备的推广。最后，严格把控煤电的投产规模，增加清洁电力的生产和使用，逐步完善电网的投资建设体系。总之电力部门在短期内仍然是在确保安全、可靠和价格合宜的电力供给的前提下，通过节能和能效措施实现减排目标。

(2)长期政策

电力部门实现市场化、电源结构进一步优化是电力发展的中长期目标。减少化石能源发电比例提高清洁能源的使用，同时满足全社会的用电需求是电力部门的职责所在，因此从长远来看，短期的维护现有体制的稳定性政策应该向长期目标转变，通过政策手段使可再生能源与火力发电在长期内形成良性竞争，逐渐打破燃煤发电的垄断地位。而政府的能源政策和发电企的产业政策的重心也要向可再生能源技术的开发和利用上倾斜。从政府的角度，需要积极引导体制内外的相关行为主体，将可再生电力的消纳考虑到发电、售电、输配电各个环节上，建立和完善发展配套的制度和法律法规，为可再生能源的开发利用提供技术支持和投资激励。

1.3.3 能源相关的其他政策

我国在“十二五”期间通过提高非化石能源比重、淘汰落后小火电机组、提高发电效率、降低线损率等措施，在低碳发展方面取得了显著成效，但仍然存在法规政策不协调、基础工作不扎实、技术人才稀缺、产业发展成熟度不够等问题。“十三五”时期是我国能源低碳转型的关键期，在经济新常态和体制机制改革的双重压力下，电力企业既要为国民经济发展提供安全稳定电能，又要承担起绿色转型及能源系统优化的任务。因此，在构建电力发展目标和法规政策框架时，要以能源革命价值为导向，发挥电力工业在能源系统优化中的核心作用，建立健全以市场为导向的电力碳减排新机制。为了实现 2020 年国家低碳发展目标的需要，非化石能源占一次能源消费比重必须得到缩减，这关键在于对能源进行大踏步地、彻底地改造。

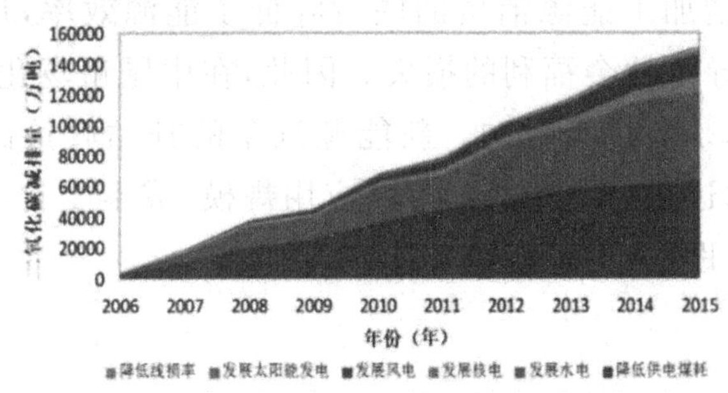

图 1-1　2005—2016 年电力行业二氧化碳减排情况

注：图片来源于 http://ex.bjx.com.cn/html/20170109/20583.shtml。

为了实现电力低碳转型，我国对能源方面提出了一系列政策和措施。一是通过产业结构调整、抑制不合理需求、技术进步、能效标准管理，多管齐下节能提效，实现“能源总量和强度的双控”。二是控制煤炭消费，减少火电占比，这是产业结构调整的必然结果和大气污染治理的必然要求。三是大力发展非化石能源，鼓励多种新能源发电，如水、风、光、生物质、地热能和海洋能等，降低成本。电力低碳发展目标要求方面，主要体现在能源电力规划、节能减排和对气候变化作出的要求中，如《能源发展“十二五”规划》《可再生能源发展“十二五”规划》《国家应对气候变化规划（2014—2020 年）》和《节能减排“十二五”规划》等。

随着发电结构及火电结构的优化，电力行业在近十年内碳排放持续减少。2015年,全国单位火电发电量二氧化碳排放约835克/千瓦时,比2005年下降20.3%;单位发电量二氧化碳排放约610克/千瓦时,比2005年下降28.9%,其中,减少火电装机对电力行业碳减排贡献率为48%,新能源发展贡献率为50%。

经济的快速增长带动了能源需求的快速增长,如何有效地利用不可再生能源是个复杂的议题。能源价格的提高能大幅提高能源效率(吴利学,2009),价格机制是能源改革的核心,而能源补贴又是能源价格一个很重要的决定要素。由于目前中国面临着能源稀缺和二氧化碳排放的挑战,能源补贴作为一个较为严峻的问题,应该引起政府的重视。政府主要依靠能源补贴来控制能源价格,但由于中国的能源结构以煤为主,能源补贴主要用于化石燃料,这在增加了能源消费的同时降低了能源效率,加剧了环境污染,从而导致社会福利的损失。因此,在中国市场化改革中,能源补贴改革是势在必行的。新能源汽车的补贴政策的出台将对新能源技术进步、产业发展、推广应用规模、成本变化等方面实施适时调整补助。

1.4 京津冀协同一体化发展分析

京津冀协同发展一体化战略是习近平总书记亲自谋划、党中央研究决策实施的一项重大国家战略。2014年2月26日,中共中央总书记习近平在听取京津冀协同发展专题汇报时,将京津冀协同发展上升为国家战略,并对此提出了具体要求。

自20世纪初以来,北京与天津两个城市的功能定位不同且互补,改革开放前30年,天津的发展十分缓慢,改革开放后天津的城市基础建设和商贸物流才得到快速发展,但总体上天津的城市化建设不足,应提高天津的国际港口地位,强化对华北及西北的商贸辐射功能。河北省与北京一直处于“反哺”关系,有专业人士提出,在京津冀地区形成“国际城市—国际港口—冀中平台”

“研发—转化—生产”、“高端制造—高端服务”等发展模式将会推动三地发展进入良性循环阶段。

1.4.1　京津冀地区产业协同发展

京津冀地处京畿重地，依托庞大的经济规模、丰富的资源禀赋和先进的基础设施，三地在产业协同发展方面拥有极为优越的条件。并且区域产业结构对该地区的经济发展具有重要作用，京津冀地区也不例外。如何促进京津冀地区产业协同发展，提升该区域产业竞争力，是值得关注的话题。

(1)产业协同发展现状

从产业布局看，京津冀地区的产业分布呈现不同特征。北京作为全国的政治和文化中心，第三产业占 GDP 的比重较大；天津处在工业化后期阶段，第二、三产业占 GDP 的比重差异不大，第三产业发展迅速；河北省第二产业占 GDP 比重最大，仍以工业为重心，第三产业发展相对迟缓且低于平均水平。京津冀地区产业的相似性来看，北京和河北的产业具有互补性，北京和天津的产业相似度为 0.86(相似度大于 0.85 为相似，低于 0.85 具有差异)，北京和河北的产业相似度为 0.76，产业结构差别较大，北京以第三产业为主，而河北以第二产业为主，天津和河北产业相似度为 0.98，相似度很高。

随着京津冀一体化战略实施和产业布局调整，京津冀地区的产业结构逐渐清晰。河北省各地区各司其职：张家口和承德侧重绿色和高新技术产业；秦皇岛、唐山、沧州主营重工业和装备制造业；廊坊和保定主要承揽新能源、设备制造和电子信息产业等。2015 年颁布的《京津冀产业转移指导目录》中指出信息技术、装备制造、商贸物流、教育培训、健康养老、金融后台、文化创意、体育休闲八类产业需要逐渐转入津冀地区。

目前京津冀协同发展也存在着多重阻碍和挑战。其中一个问题就是河北省与京津两地的经济发展不同步。2015 年《中国城市统计年鉴》显示,北京和天津的人均 GDP 都超过 1.6 万美元,河北人均 GDP 仅 6500 美元,相差甚远。区域内城市化建设是另一难题。城市化的发展需要产业的支撑,全球城市区域有 44 个,这些全球城市区域占到了全球经济总量的 65%,大多数核心区域涵盖了高级服务业、高端制造业。京津冀地区的发展目标是建立以北京为核心的世界级城市产业区域,但目前还存在大量未实现城市化的区域,因此加快城市化建设是一项首要任务。此外,协同发展创新动力不足和政府部门的作用也是需要攻克的难题。协同发展的根本推动力在于协同创新驱动,而京津冀区域协同创新能力有待提高。京津冀区域经济面临一系列问题,如产业结构不均衡、资源环境承载能力不足、市场空间较小、研发能力不足,这些问题的改善都需依赖协同创新能力。政府干预下导致的市场活力不足使该地区产业雷同、产能过剩。以钢铁、石化、建材等大型企业为主的垄断行业更易受政府的控制和影响,例如政府仍然要求企业扩大产能,结果必然使河北地区产能过剩。

(2)产业协同发展战略目标

习近平总书记对京津冀协同发展提出七点要求:一是要着力加强顶层设计,抓紧编制首都经济圈一体化发展的相关规划,明确三地功能定位、产业分工、城市布局、设施配套、综合交通体系等重大问题,并从财政政策、投资政策、项目安排等方面形成具体措施。二是要着力加大对协同发展的推动,自觉打破自家"一亩三分地"的思维定式,抱成团朝着顶层设计的目标一起做,充分发挥环渤海地区经济合作发展协调机制的作用。三是要着力加快推进产业对接协作,理顺三地产业发展链条,形成区域间产业合理分布和上下游联动机制,对接产业规划,不搞同构性、同质化发展。四是要着力调整优化城市布局和空间结构,促进城市分工协作,提高城市群一体化水平,提高其综合承载能力和内涵发展水平。五是要着力扩大环境容量生态空间,加强生态环境保护合作,在已经启动大气污染防治协作机制的基础上,完善防护林建设、水资源保护、水环境治理、清洁能源使用等领域合作机制。六是要着力构建现代化交通网络系统，把交通一体化作为先行领域，加快构建快速、便捷、高效、安全、大容量、低成本的互联互通综合交通网络。七是要着力加快推进市场一体化进程，下决心破除限制资本、技术、产权、人才、劳动力等生产要素自由流动和优化配置的各种体制机制障碍，推动各种要素按照市场规律在区域内自由流动和优化配置。

环境压力是京津冀产业协同发展首先需要面临的难题。生态环境与经济快速发展的共赢需要在生态环境效益和经济发展效益中寻找一个平衡点，京津冀产业协同发展战略就是通过加强区域联合实现绿色发展的重要举措，发展战略注重空气污染的治理，这有利于化解首都发展长期积累的深层次矛盾，符合"一带一路"的发展战略，增强对我国的环渤海地区和北方腹地的带动能力，实现城市发展与资源环境协调发展，同时有利于产业优化转型发展和全方位对外开放。

经济全球化和区域化是当前经济发展的动力，能够积极推动产业协同发展。随着市场经济的发展，生产要素、商品和服务交易不应该仅仅局限在某一国家或区域内，全球化趋势逐渐凸显。在经济发展中，区域之间的相互依赖关系不断加强，并逐渐形成统一发展的协调整体。京津冀地区协同发展的重要基础是功能定位在空间上的具体体现，三个地区各有自己的优势，北京具有人才、技术、金融优势，而河北和天津的制造、土地、生态优势明显，地区间实现跨区域产业优势互补是协同发展的关键。

实现京津冀协同发展有助于优化生产力、提升经济发展的速度和效率，协调推进"四个全面"发展战略布局。京津冀协同发展对于"两个一百年"奋斗目标和中华民族伟大复兴的中国梦的实现具有深远意义。

1.4.2　京津冀地区能源结构协同发展

京津冀地区位于东北亚环渤海心脏地带，是继珠江三角洲、长江三角洲之后的第三大经济增长极。京津冀协同发展是党中央、国务院做出的一项重大战略决策，是国家三大区域发展战略之一。能源是国民经济和社会发展的基础性要素，经济、能源与环境的协调发展，是实现京津冀协同发展的重要前提。未来十年是我国全面推进能源生产和消费革命的关键时期，京津冀能源协同发展对于推进能源革命先行示范和保障京津冀能源安全具有十分重要的意义。

(1)京津冀能源发展现状

随着供给侧改革的推进，京津冀地区的能源结构得到进一步优化。2016 年全年，北京市关停约 500 家制造业和污染企业，杜绝低端无效供给，并提前完成化解煤炭产能 180 万吨的年度任务；天津市在政策指引下压减粗钢产能 370 万吨，并完成节能减排的目标和任务；河北省退出煤矿 54 处，减少煤炭产能 1400 万吨，超额完成任务的同时使企业职工得到妥善安置，制定电力去产能实施方案，淘汰落后、优化布局、置换替代、改造升级，并加快外受电通道的建设和电网改造升级，保证电力平衡和稳定供应。

在环境治理的压力下，京津冀地区的化石能源使用情况有所改善。在大气污染防治措施的实施下，北京市完成了 8480 吨燃煤锅炉改造、淘汰老旧机动车 44 万辆、清理整治“散乱污”企业 4470 家，全年压减燃煤 30%。天津市关停 7 台燃煤机组和 380 座燃煤锅炉，全面治理城乡散煤，严格控制机动车和船舶排放污染物，加大农作物秸秆综合利用并禁止露天燃烧，淘汰落后企业 100 余家，初步完成“大气十条”的目标任务。河北省作为煤炭产销大户，是京津冀污染治理的重点。在淘汰改造、取缔关闭煤矿、报废老旧车辆等的措施下，使全省 PM2.5 平均浓度下降 91%，空气质量达标天数增加 16 天以上。

在绿色发展方面，北京地区生产总值能耗和二氧化碳排放分别下降 3.5%和 4%，新建公用电动汽车充电桩 3000 个；建成南水北调通州支线配套水厂并达到全年调水量 11 亿立方米，密云水库蓄水量达到 16 亿立方米；推进陕京四线等天然气工程建设，完善了热电气常态化联调联供机制。河北省重点发展新能源、清洁能源、节能环保新兴产业群，支持民营资本进入电力等领域，继续推进水、电气等资源性产品价格改革，2016年建设4000个村级光伏扶贫电站并投资78亿元实施新一轮的农村电网改造。

总体来看，京津冀的能源消费占全国比重高，消费结构矛盾突出。京津冀能源消费持续偏高，近几年的消费量占全国能源消费总量的十分之一左右。煤炭、石油、天然气和电力的消费比重占全国总消费量的十分之一左右。其中，河北省每年的煤炭消费总量占京津冀地区的八成以上，而北京和天津的清洁能源比重较高。河北产业结构以能源、原材料等重化工业为主，因此电力消费水平较高。京津冀地区所消耗的能源主要依靠外调，不能自给自足。例如，2013年京津冀煤炭一次能源生产量8239.07万吨，远远不能满足38961万吨的消费需求，其中天津100%需要外地调入。此外，京津冀地区能源效率与长三角、珠三角地区还有一定差距。

(2)京津冀能源协同发展的问题和挑战

一是巨大的环境治理压力给京津冀协同发展带来挑战。京津冀地区生态环境问题一直不容乐观，尤其是雾霾和水资源短缺问题严重。生态保护和治理雾霾甚至是比经济增长更为重要迫切的任务，大气污染联防联控，能源清洁化替代刻不容缓。虽然北京、天津煤炭消费比重较低，但京津冀及周边地区的经济发展多依赖煤炭，造成了区域大气污染物排放浓度过高，导致京津冀地区大气污染问题愈加严峻，特别是以细颗粒物(PM 2.5)为特征污染物的区域性大气环境问题日益突出。《京津冀及周边地区落实大气污染防治行动计划实施细则》指出，在治理大气污染的压力下，京津冀地区清洁能源的替代利用是降低污染的最佳选择。

二是要应对较大的产业升级压力。整体上看产业结构布局并不完善：北京主要产业为第三产业，天津第二产业和第三产业各占一半，而河北则侧重第一产业和第二产业，这表明地区间优势产业重合度较高，存在严重的产业趋同的竞争倾向，河北省面临产业升级压力。同时三地区的能效水平参差不齐且两极分化,这主要是受到经济发展、体制、科技水平等方面不平衡的影响。因此在京津冀协同发展过程中,急需科技创新和体制机制创新来推动能源协同发展。在全面深化改革的大背景下,京津冀地区的资源优化配置的提升空间巨大。

1.4.3 京津冀地区协同一体化发展任务

环境治理是京津冀协同一体化的首要任务之一。环保部发布的74个城市空气质量平均排名中,后10名分别是石家庄、邢台、邯郸、保定、乌鲁木齐、西安、太原、衡水、郑州和唐山市,有六个城市属于河北省。2017年1月,京津冀区域13个城市平均优良天数比例为36.2%,同比下降19.6%。PM 2.5浓度为128微克/立方米,同比上升43.8%;PM 10浓度为189微克/立方米,同比上升41.0%。环境治理是推进京津冀协同发展的重要内容,大气污染的"联防联控"仍然面临很多问题。在生态环境保护领域,率先突破面临的主要障碍和困难是生态环境保护的责任和义务缺乏明确的划分,联防联控的协同机制尚未建立。

协同发展还急需科学处理政府与市场的关系,既需要"有为政府"的正确引导,更需要"有效市场"的积极调节。京津冀地区还没有形成一个资源流动通畅、信息传递快速、生产活动对接协调、充满活力、政策统一的区域性市场,这也是协同发展缓慢的一个重要原因。问题的根源在于当前特殊的行政管理体制下,政府与市场的边界不清,政府的引导作用与市场的调节作用未能有效结合。

"十三五"规划的发展目标是:到2020年,京津冀地区整体实力进一步提升,经济保持中高速增长,结构调整取得重要进展;协同发展取得阶段性成效,非首都功能疏解有力有序,区域一体化交通网络基本形成,公共服务共建共享取得积极成效,制约协同发展和要素流动的体制机制障碍逐步得到破解;生产生活方式绿色、低碳水平上升；人民生活水平和质量普遍提高，城乡居民收入较快增长，就业、教育、文化、社保、医疗、住房等公共服务体系更加健全，基本公共服务均等化水平稳步提高。

1.5　电力结构调整的驱动因素分析

我国发电企业的规模逐渐加大，发电技术和质量也在提高，与此同时，发电的不平衡、不协调、能源不可持续问题凸显，这些结构性矛盾是过去的几十年中盲目追求快速发展、粗放发展的产物，须在经济结构调整的进程中加以解决。

经济发展进入新阶段以来，随着经济进入新常态和经济结构转型升级，为电力结构调整带来新的机遇和挑战，电企应抓住机遇进行改革。电源结构调整是发电企业改革的主要目标。结构调整的主要目标是优化电源结构，实现清洁能源发电比例达到合理水平；优化产业结构，完善产业链和价值链以优化产业结构；形成合理的区域布局以优化区域结构；达到合理的资产负债水平以优化资产结构。

1.5.1　“十三五”期间电力结构调整新要求

(1)大力发展清洁能源

“十三五”时期是电力工业加快转型发展的重要机遇期。为保障全面建成小康社会的电力电量需求，预期全国发电装机容量20 亿千瓦，年均增长 5.5%，人均用电量 5000 千瓦时左右，接近中等发达国家水平。

在电源结构方面。预期到 2020 年我国非化石能源消费占一次能源消费比重达到 15%左右，非化石能源发电装机达到 7.7 亿千瓦左右；天然气发电装机增加 5000 万千瓦，达到 1.1 亿千瓦以上，占比超过 5%；全国风电装机达到 2.1 亿千瓦以上，其中海上风电 500 万千瓦左右；按照分散开发、就近消纳为主的原则布局光伏电站，太阳能发电装机达到 1.1 亿千瓦以上，其中分布式光伏 6000 万千瓦以上、光热发电 500 万千瓦；煤电装机力争控制在 11 亿千瓦以内，占比降至约 55%。电源结构得到进一步优化。

为实现这一目标，就要大力发展新能源，优化调整开发布局。按照集中开发与分散开发并举、就近消纳为主的原则优化风电布局，统筹开发与市场消纳，有序开发风电光电。与此同时，要加快煤电转型升级，促进清洁有序发展。严格控制煤电规划建设，合理控制煤电基地建设进度，因地制宜规划建设热电联产和低热值煤发电项目，积极促进煤电转型升级。

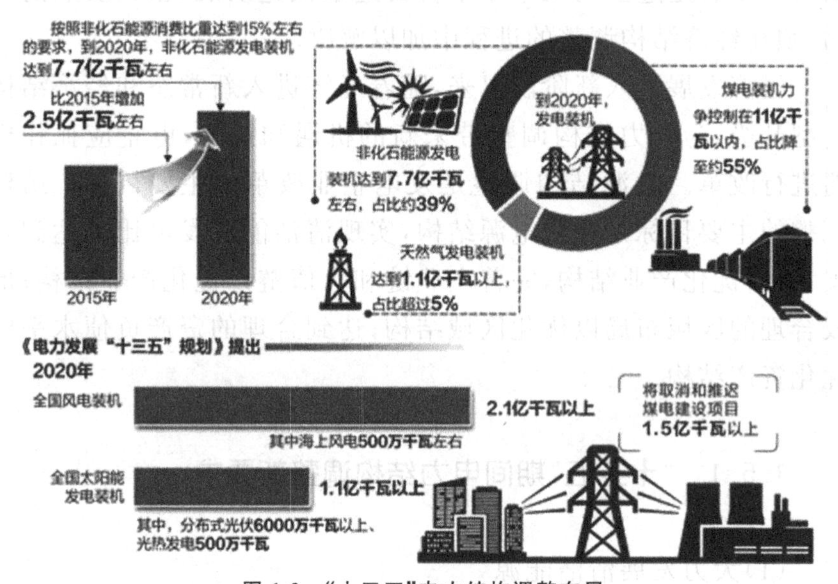

图 1-2 “十三五”电力结构调整布局

注：图片来源于 http://www.gov.cn/xinwen/2016-11/08/content_5129854.htm。

(2)着力解决“三弃”问题

电网的输送能力和调峰能力限制了大部分可再生能源的消纳，我国当前的弃水、弃风、弃光现象严重，现行的电力系统是以常规化石能源为基础的电力系统，而新能源的诸多特性使其与传统电力系统无法很好的协调，基础设施设备和发电技术、市场特性和行业政策都无法完美的融合，这也是可再生能源发展的重要突破口。解决可再生能源接纳和消纳问题，首先要解决电网远距离输送的难题，现有已规划建设的输电通道和输点设施尚无法满足电能的大规模输送，在未来需要逐步完善设施建设，加大可再生能源发电的外送力度，改变“三弃”的现状。

“十三五规划”要求全面提升系统的灵活性，提高电力系统的调峰能力。此期间将新增抽水蓄能电站装机 1700 万千瓦；单循环调峰气电新增规模 500 万千瓦；为加大燃煤电站灵活性的改造力度，加大煤电调峰的能力，热电联产机组改造规模达 1.33 亿千瓦，常规煤电灵活性改造 8600 万千瓦，主要用于增加“三北”地区的调峰能力。结构和布局调整在一定程度上有力缓解弃光、弃风问题，有望实现“十三五”期间的风电、光伏装机目标。

(3)严控煤电发展

近年来，电力供需放缓趋势明显，煤电作为主力电源也面临新挑战，煤炭占能源消费的比重呈逐年下降趋势。火电利用小时数大幅减少，预计在 2020 年 煤电装机力争控制在 11 亿千瓦以内。我国先后出台了许多政策控制火电装机，一方面对各地煤电建设项目实施风险预警机制，分成红色、黄色、绿色预警；另一方面对已经开工或者核准在建的项目延缓处理并不断淘汰落后产能。

除了严控煤电发展，加快电能替代也是优化能源结构的重要举措。数据显示，我国每年散烧煤消费量在 7 亿至 8 亿吨左右，占煤炭消费总量的 20%，远高于美国、欧盟等国家的散烧煤的水平。主要应用于采暖小锅炉、工业小锅炉、农村的一些生产生活领域，大量的散烧煤和原油消费是造成雾霾的主要因素之一。“十三五”规划对电能替代的目标是 4500 亿千瓦时，按照这个目标“十三五”末电能占终端能源消费比重 27%，有利于提升我国电气化水平，使广大人民享受更加舒适、便捷、智能的电能服务。另外电能替代将进一步扩大我国的电力消费，缓解部分地区现在面临的电力富余和系统调峰的问题。

1.5.2 电力结构调整现状

《中国电力行业年度发展报告 2017》显示，2016 年我国非化石能源装机比重已达 36.6%；新增发电装机中非化石能源装机接近 60%；跨省区输送和中低压配电能力大幅提升；系统调峰能力建设加快，电力结构调整取得初步进展。

首先，电力结构调整提高了非化石能源装机比重，能源结构趋于低碳化。截至 2016 年底，全国基建新增发电生产能力 12143 万千瓦，比上年少投产 1041 万千瓦。其中，水电新增 1179 万千瓦，比上年少投产 196 万千瓦，已经连续三年投产规模缩小，仅为 2013 年投产规模的 38.1%；火电新增 5048 万千瓦，比上年少投产 1630 万千瓦。在新增发电装机容量中，非化石能源发电装机占比接近 60%，比重比上年继续提高。全年退役、关停火电机组容量 571 万千瓦。

其次，电网规模的增长使区域间输送和配电能力大幅提升，电网与电源发展将更加协调。报告数据显示，截至 2016 年底，全国电网 35 千伏及以上输电线路回路长度 175.6 万千米，比上年增长 3.5%；全国电网 35 千伏及以上变电设备容量 63 亿千伏安，比上年增长 10.5%。

此外，系统调峰能力建设加快，有望进一步提升电力系统灵活性，缓解新能源“弃风弃光”现象。电力结构调整加快了调峰能力建设，加大抽水蓄能电站规模，全年新开工抽水蓄能电站容量达到 715 万千瓦，从根本上改变了发电供应调节能力严重不足、新能源无法大规模消纳的格局。全面组织实施“三北”地区煤电机组调峰能力提升工程，组织开展热电机组储热改造和纯凝机组灵活性改造试点示范，部分项目已经投运，调峰效果有所显现，部分地区冬季风电消纳有所改观。

1.5.3 电力结构调整驱动因素分析

中国电力行业处于转型发展的关键时期。一方面，全社会用电需求增速下降，新能源得到大力发展，传统火电发展遇到环境和消纳双重制约；另一方面，中国的新能源市场逐步壮大，以光伏、风电为主的可再生能源仍将迅速发展。“十三五”电力规划围绕调整优化转型升级展开，将调整电力结构，优化电源布局，升级变电网，增强系统调节能力。

(1)电力产能过剩，供大于求

电力过剩是促进电力结构调整的一大重要原因。中国电力行业“扩张保供”的传统发展模式正在发生革命性转变。随着我国发电技术和供电能力的飞速提高，以及经济进入新常态后的增速换挡、用电需求放缓，电力的供需形势已经发生深刻变化。自2014年至今，电力过剩情况越来越紧迫，2016年全国发电设备平均利用小时数达到1964年以来的最低水平，电力过剩情况不容忽视，2017年形势更为严峻，年用电量增速迟缓，电力企业面临亏损。

发电设备平均利用小时是反映电力供需情况的重要指标。业内普遍认为，地区全年的设备利用小时数高于5500小时时表明该地区用电紧张，可继续扩大发电规模，低于4500小时则说明该地区电力盈余，不宜新增发电装机。据中电联统计，2016年时全国发电设备平均利用小时为3785小时，表明我国大部分地区呈现出电力供应过剩的现状。

虽然我国经济今后仍会持续中高速增长，政府不断加大在基础设施建设等领域的投资，电力需求随之适度增长，且近年来加大电动汽车和充电桩建设力度，可极大提升电力需求。但为促进我国电力部门以及相关产业的良性发展，电力结构调整和体制改革势在必行。

(2)改善能源结构，实现可持续发展

未来我国的风电、光伏、水电、核电将迎来更大的发展机遇，近年来可再生能源在能源供应结构中占比大幅上升。在国家政策鼓励支持之下，风电和光伏发电成本不断下降，有望在2020年逐步实现风、光、火同价。在环保低碳已成为全社会共识的背景下，一些能耗高、污染重的小火电便成为众矢之的。水电是中国目前开发程度最高、技术相对成熟的清洁可再生能源，在“十三五”期间将发挥更加重要的作用，期间将建设西南大型水电基地。预计我国常规水电装机达到3.5亿千瓦左右；核电在确保安全的前提下，预计装机容量达到5800万千瓦，在建容量达到3000万千瓦以上。

(3)产业结构调整带动电力结构调整

改革开放以来，中国的经济增长方式发生转变，产业结构不断调整，电力供需也随之变化。随着可持续发展战略的实施以及经济新常态的出现，产业结构调整对一个地区社会经济的发展以及电力结构调整具有重要影响。

第2章 研究对象、相关理论及研究方法概述

2.1 京津冀发电行业概述

2.1.1 京津冀发电行业现状

电力行业是一个综合性很强的行业，主要包括了发电、输配电和售电等。京津冀地区是我国电力行业发展的重要区域，拥有种类丰富的电力资源。电力行业的健康有序发展可以为京津冀协同发展提供能源保障，注入新的动力(刘畅、邓剑伟，2017)。

在发电领域，截至2015年底，北京的总发电装机容量达到1110万千瓦，发电量超过360亿千瓦时，6000千瓦以上电厂的发电时长超过4300小时。北京的发电产业以火电为主，所占比例常年超过95%。此外，北京还拥有一定比例的水电、风电和光伏发电。2016年，北京市并网的光伏发电装机规模达到239.7兆瓦，较2015年增长45.2%，发电量达2.9亿千瓦时。为了治理大气污染，改善生态环境，助力京津冀协同发展，北京市从2015年开始逐步关停燃煤电厂，将其转换为天然气电厂，这一工程已于2016年底基本完成。与此同时，北京地区的发电企业还积极发展节能减排技术，不断降低热电厂污染物的排放量。

天津的发电装机容量约为1150万千瓦，发电量超过600亿千瓦时，6000千瓦以上电厂的发电时长约为5300小时。天津的电能以火电为主，所占比例常年超过90%，风电也占有一定的比

例，约为5.5%。近年来，天津市大力发展光伏发电事业，截至2015年底，天津光伏发电累计装机容量12万千瓦，新增3万千瓦。与此同时，天津市还积极推进电厂改革，从2015年起不再审批新建燃煤电厂，并将于2017年关停7台火电机组、637台燃煤锅炉。

河北省是我国的电能生产大省，发电装机容量约为5500万千瓦，发电量超过2500亿千瓦时，6000千瓦以上电厂的发电时长约为5000小时。河北省的电能也以火电为主，所占比例约为65%。近年来，河北大力发展风电和光伏发电。2015年，风电发电量达168亿千瓦时，光伏发电装机容量239万千瓦，均为历史新高。

2.1.2 京津冀发电行业发展战略

发电是整个电力行业的源头，充足和稳定的电力供应是京津冀电力行业协同发展的基石。为了满足京津冀协同发展的需求，发电行业可以采取以下发展策略（刘畅、邓剑伟，2017）。

(1)优化发电厂布局，充分发挥地区能源优势

在京津冀地区内部，北京市和天津市可用于发电的一次能源较为匮乏，河北省则资源相对丰富。与此同时，北京市作为我国的首都，天津市作为我国直辖市和北方经济中心城市，均不太适合布局过多的发电厂。因此，需要优化京津冀地区的发电厂布局，充分发挥地区的能源优势。一方面，优化京津冀三地之间的电厂布局，将北京市和天津市的部分发电厂，特别是火电厂迁往河北省，充分发挥河北省的能源优势。在这一过程中，需要科学的选址和严格的环评论证，避免出现污染企业向经济欠发达地区转移的问题和“邻避效应”。另一方面，优化京津冀三地内部的电厂布局。京津冀地区已经不适合继续在城区内运行发电厂，需要将发电厂逐步迁往郊区，并在电厂选址时充分考虑风向、河流流向等因素。目前，北京市、天津市和石家庄等地已经开始着手城

区发电厂外迁的工作，需要今后在更多的城市推行。

(2) 推广多种能源发电，满足地区用电需求

在协同发展和城镇化进程加快的共同作用下，京津冀地区的全社会用电量将持续快速上升。京津冀地区现有的发电主要依赖于火力（以燃煤为主），辅之以部分的水力、风力和太阳能。过于单一的电能结构不仅限制了地区的发电能力，也导致了严重的生态环境问题。因此，在京津冀协同发展的进程中，需要推广多能源发电，特别是风力发电、水电、光伏发电、生物质发电（秸秆等）和垃圾发电等清洁能源发电，满足地区的用电需求。2016 年，京津冀地区累计核准 231 个风电项目，装机容总量达 1590 万千瓦。张家口市、承德坝上地区、秦皇岛市、唐山市、沧州沿海地区、北京市西北部和西部山区、天津市沿海地区等地是京津冀地区风能最为丰富的地区，可以在今后重点开发张家口市和承德市等拥有丰富的太阳能资源的地区，年日照小时数平均为 3000～3200 小时；北京市、天津市以及河北省中东部地区的年日照小时数也达到 2200～3000 小时，这为发展光伏发电提供了能源保障。按照电与标准煤的等价折算系数，光伏发 1 度电，相当于少用 400 克标准煤，可减少二氧化碳排放 997 克，减少粉尘排放 272 克。此外，京津冀地区，特别是河北省还具有一定的水力发电、生物质发电和地热发电的潜力，可以根据地区发展需求，综合发展利用，并给予相应的政策支持和财政补贴。

(3)加快火力发电厂改造，改善地区生态环境

在积极发展新能源发电的同时，京津冀地区还需要继续强化对火力发电厂的改造工作，通过选择低硫优质煤（含硫量一般不高于 0.8%），采用高效湿法脱硫技术、低燃燃烧技术、电除尘技术、袋式除尘技术、湿式电除尘技术等实现燃煤绿色发电；鼓励用天燃气代替燃煤发电，突破天然气发电的关键技术；制定发电厂行业的污染物排放标准，并对发电厂的运营进行严格监管，切实改善地区的生态环境。从 2015 年起，京津冀地区核准建设的火电厂均为天然气发电厂，正朝着污染物的零排放的目标不断迈进。

2.2 相关支撑理论概述

空间维度是经济和社会发展的重要维度之一，很多国家在不同历史阶段都或多或少地通过实施区域经济政策，促进地区经济发展、完善产业布局以及改善资源配置。这些政策和法规对区域财富分配、城市布局和居民生活产生了重大的影响。当前，我国研究部署的京津冀一体化、长江经济带和“一带一路”三大战略都是以区域发展为出发点的重大国家战略。这既体现了党中央、国务院的宏伟战略，也表明在我国发展转型的重要时期，区域经济协同发展是推动全国经济社会发展的重要抓手。但是需要注意的是，发展中国家或转型经济体在行政分割色彩较重、市场连通程度不高、城乡差距明显的情况下，不同区域间的差异较大，而且难以通过市场资源流动使其发展自发趋同。不同区域之间的关系，既不是市场化经济体内部各地区融入“统一市场”不分彼此的关系，也不是国家与国家之间壁垒森严的关系，而是属于介于二者之间的一种关系。因此研究区域能源协同发展问题，既需要研究传统的区域发展不均衡问题，也需要研究如何破除区域壁垒、构建协同发展的区域能源布局。

区域系统协同发展问题是经济学、管理学、系统科学、数学等多学科的交叉性科学问题，其主要支撑理论有耗散结构理论、协同学、互补原理、系统论和博弈论等（王力年，2012）。这些理论在多种能源低碳化协同发展的研究过程中会起到重要的理论指导作用。

其中耗散结构理论最早是由比利时的科学家普利高津于1969年提出的，其基本思想是：不管一个系统是物理的、化学的、生物的系统，还是经济的、社会的系统，只要它是一个远离平衡的开放系统，并且源源不断的与外界交换物质和能量，那么，在系统内部某个参量的变化达到一定的阈值时，由于出现涨落，系统就可能会发生突变，使系统由原来的混乱无序状态转变为一种在时间上、空间上或功能上有序的状态。耗散结构理论的提出，对于自然科学以至社会科学均产生了极大的影响，并促进了复杂系统的研究（方福康，2004）。互补理论也源自物理学理论，但其中的“互斥互补”“整体和统一”等观点也广泛地被经济学和社会学研究所接受和借鉴。

与本书研究关系更为紧密的支撑理论为协同学、系统论和博弈论，简述如下。

(1)协同学

协同学是研究开放系统内部各子系统之间通过非线性的相互作用产生的协同效应，使系统从混沌状态向有序状态、从低级有序向高级有序，以及从有序又转化为混沌的具体机理和共同规律的一种综合性理论。协同学由德国理论物理学家哈肯创立，于20 世纪 70 年代开始形成（刘静，2014）。协同学是研究不同事物共同特征及其协同机理的新兴学科，是近十几年来获得发展并被广泛应用的综合性学科。协同学的主要观点是，在远离平衡态的开放系统，当外参量的作用逐渐增大到一定程度时，通过系统内部协同作用，不仅可以从无序到有序，也可以从有序到无序。协同学的创始人哈肯说过，他把这个学科称为“协同学”，一方面是由于我们所研究的对象是许多子系统的联合作用，以产生宏观尺度上的结构和功能；另一方面，它又是由许多不同的学科进行合作，来发现自组织系统的一般原理（佟强，2006）。

哈肯在他 1976 年出版的《协同学引论》中指出，对于完全不同的系统，当出现不稳定时，它们之间具有深刻的相似性，系统中很多子系统的合作受到相同原理支配而与子系统特性无关，系统的发展过程同时由决定论的和随机的因素决定。哈肯又在他1981 年出版的《协同学：大自然构成的奥秘》中认为，协同学试图从相当一般的角度探讨系统发展变化，它不仅关注无生命世界，也关注有生命世界，甚至涉及人类社会的精神领域。系统表现无序性，归根结底是因为其中存在着使系统表现不同状态的多种因素，这些因素相互竞争，却没有任何一种因素能取得压倒优势的地位。但当客观条件到达某个关节点时，系统则往往只剩下两种或多种因素势均力敌，这时再加上某种偶然性的作用，就会使某种因素趋于主导地位，从而使系统呈现相应的状态。由于整个过程都是在一定的客观条件下自发产生的，是一种自组织的过程，而自组织过程通常需要与外界有能量或物质交换，所以无论是有序还是无序状态，都是多种因素共同作用的结果，这也是哈肯称其理论为协同学的重要原因。

1981年，哈肯在《二十世纪八十年代的物理思想》一文中揭示出，一切开放系统，无论是微观系统、宏观系统，还是宇观系统，也无论是自然系统，还是社会系统，都可以在一定的条件下呈现出非平衡的有序结构，都可应用协同学。

协同学原理的创立和发展，丰富和发展了系统方法。在开放系统中，由于大量相互作用的要素运动所产生的协同效应表明：整体的属性不能归结为部分之和，整体具有部分所没有的、特殊的系统属性。协同学的发展为认识生命系统从非生命系统产生的过程提供了新的出发点，为解决热力学第二定律与达尔文进化论的矛盾提供了现实可能，为把有序与无序真正统一起来的思考提供了自然科学理论基础。协同学认为有序结构的形成和系统的自组织，是由于过程本身固有的内部原因而产生的自发的、突然的、飞跃的过程，而不是渐进的、平稳的，也不是人或神的有目的干预之结果，从而为物质自己运动的基本原理，提供了新的自然科学证明。

(2)系统论

系统论是研究系统的一般模式、结构、性质和规律的理论。它以系统为研究对象，研究各种系统的共同特征，用数学方法定量地描述其功能，寻求并确立适用于一切系统的原理、原则和数学模型。狭义系统论指一般系统论；广义系统论包括一般系统论、控制论、自动化理论、信息论、集合论、图论、网络理论、系统数学、对策论、决策论、电子计算机、模拟等理论和方法。

系统论产生于 20 世纪 20～30 年代。1928 年和 1932 年，贝塔朗菲在《关于形态形成的批判理论》和《理论生物学》中，突破传统生物学理论和方法的机械论模式，提出了“机体系统论”。1937 年，他在芝加哥哲学讨论会上提出了“一般系统论”的概念。1945 年，他在《德国哲学周刊》上发表了《关于一般系统论》，阐述了一般系统论的基本思想。1968 年，他发表了《一般系统论的基础、发展和应用》，确立了系统论的学术地位，并把系统论从生命系统扩展到心理、社会和文化领域。1972 年，在《一般系统论的历史和现状》一文中，贝塔朗菲系统论是一种新的科学规范，其内容包括研究系统的科学和数学系统理论；系统技术，包括系统工程；系统哲学，研究系统的本体论、认识论等。20 世纪 80 年代以来，中国科学家钱学森提出，系统论是系统科学和哲学之间的中介理论。它的基础科学是系统学，其技术科学是运筹学、控制论、信息论、大系统理论等，其应用科学是系统工程。

系统论强调整体性；认为系统是相互联系、相互作用的各个要素组成的有机整体，系统的性质和功能不是其各个要素的性质和功能的简单加和，而是系统具有新的属性和功能；构成系统整体的各个要素的性质与功能，也不同于它们在各自独立时的性质与功能。系统论强调关联性；认为系统之所以具有整体性，就是在于系统与要素、要素与要素、系统与环境之间的相互作用相互影响和相互制约。系统论强调等级结构性；认为一切系统都是具有一定层次性和等级性的结构；各个层次之间以及各个等级之间相互作用共生共存，共同构成系统总体。系统论强调动态平衡性；认为现实存在的系统都是开放系统，系统与外部环境不断进行物质、能量和信息的交换。系统论强调自组织性；认为当系统受到环境的某种因素干扰时，将会进行自发的重新组织，达到系统稳定状态，并使这种稳定状态进一步发展。

系统论揭示了自然界的系统性、整体性、层次性、动态开放性、自组织性，丰富和深化了辩证唯物主义的物质观、运动观和时空观，为解决现代科学技术和社会经济发展中的复杂系统问题提供了新的理论武器，是继相对论和量子力学之后，又一次彻底改变了世界的科学图景，也改变了人们传统的思维方式。

系统方法是运用系统论原理考察系统整体与部分、系统与环境、结构与功能等相互联系和相互作用的关系，以揭示其本质与规律的方法。系统方法在一般系统论基础上产生，首先在自然科学、工程技术和经营管理中应用，然后扩展到社会科学等领域，为适用于一切领域的科学方法。

(3)博弈论

博弈论(Game Theory，又称对策论)，研究决策主体行为存在相互作用时，行为主体如何利用所掌握的信息进行决策，以及这种决策的均衡问题，反映了博弈局中人的行动及相互作用间冲突、竞争、协调与合作关系。针对具有博弈性质的决策问题的研究古来有之(张开益，2007)。例如，2000 多年前中国著名军事家孙膑利用博弈论方法帮助田忌赛马取胜的故事，就属于早期博弈论的萌芽。直到 1944 年 Von Nuemann 和 Morgensetm 合作的《博弈论和经济行为》的出版，标志着博弈理论的初步形成。博弈论体现的是一种经济学思想，但这种思想的运用却不仅仅局限于经济学本身。只要存在利益冲突的双方有可能形成某种可以维持的状态，博弈论就可以一展所长。例如，商业竞争、党派选举、外交活动、军事冲突，社会矛盾等等。同样的，博弈论可以而且已经逐步应用到了城市的规划中，用以解决规划中各种利益主体的矛盾冲突问题。

博弈可分为非合作博弈(纳什均衡博弈)和合作博弈(共赢博弈)。前者主要研究的是个体的战略选择，强调个人理性；后者主要研究的是合作的结果与利益的分配，强调的是团体理性。纳什均衡又称为非合作博弈均衡，以美国数学家约翰·纳什命名，1949 年 11 月纳什在他的博士学位论文中首次提出“纳什均衡”的概念(当时未公开发表)，1950 年纳什正式发表了《n 人博弈中的均衡点》的经典论文，阐述了“纳什均衡”的定义以及它在 n 人博弈中的存在性证明，宣告了纳什均衡正式诞生。

非合作博弈有人们所熟知的纳什、泽尔腾和海萨尼等科学家、数学家和经济学家，但是合作博弈理论的研究者为大众所熟知的较少。博弈主体之间是否通过有效的协商达成一个具有一定约束力的"合作协议"是区别合作博弈与非合作博弈的关键。如果博弈主体之间达成协议则该博弈就为合作博弈；如果没有达成协议那么该博弈为非合作博弈(胡纹、陈世峰，2012)。

合作博弈理论重点在对"合作"的研究，而非合作博弈理论研究的重点是"竞争"。合作博弈所要解决的首要问题就是合作成员之间如何分享合作所带来的整体效益相对个人效益的剩余，合作博弈强调"团体理性"，主张合作的公平、公正和高效，合作博弈是一种"双赢"甚至"多赢"的策略，通常获得效益较高。而非合作博弈关注"个人理性"，强调个人最优决策，往往导致低效率甚至是无效率的结果。

2.3 系统动力学概述

系统动力学自创立以来，其理论、方法和工具不断完善，应用方向日益扩展，在处理工业、经济、生态、环境、能源、管理、农业、军事等诸多人类社会复杂问题中发挥了重要作用。随着现代社会复杂性、动态性、多变性等问题的逐步加剧，更加需要像系统动力学这样的方法，综合系统论、控制论、信息论等，并与经济学交叉，使人们清晰认识和深入处理产生于现代社会的非线性和时变现象，做出长期的、动态的、战略性的分析与研究，这为系统动力学方法的进一步发展提供了广阔的平台，也为深入研究系统动力学的应用提供了机遇和挑战(马国丰、陆居一，2013)。

2.3.1 发展历程

系统动力学是英文"System dynamic"的译文，国内也有学者译作“系统动态学”或“系统动态研究”等。其发展过程可以概括为如下几个阶段。

(1)奠定基础阶段(20世纪50年代初期—50年代末期)

最初,人们的注意力主要集中在生产领域和经济系统,并应用工业动力学的原理和方法研究了库存控制、生产调节、劳动力雇佣与解雇等匹配生产和销售过程中发生的不稳定向题。1961年,福雷斯特教授出版了工业动力学学科的第一本专著《工业动力学》。他在该书中系统地总结了他的研究成果,为系统动力学的发展奠定了基础。西方学术界对该书给予了很高评价。美国《管理科学》杂志在评价该书时指出:《工业动力学》一书为对管理科学感兴趣的读者提供了向过去管理中的陈腐观念、荒诞之词和习惯势力挑战的工具。此书获得了美国管理学会1962年的最佳管理书籍奖,现已成为工业动力学学科的一本经典著作。除在美国多次出版印刷外,还先后译成几十种文字在世界各国发行。随着工业动力学的发展完善,其理论和方法逐步应用于社会、经济、管理、科技和生态等多种领域,“工业动力学”这个名称也就很难反映它的实际意义了,因此人们将“工业动力学”改称为“系统动力学”。

(2)理论和方法形成阶段(20世纪50年代末~60年代末)

《工业动力学》一书出版后,工业动力学这一新学科逐渐为人们所认识。在其后二十几年的发展过程中,在工业、农业、交通、能源、产品开发、城市规划、国民经济计划、人口、生态环境、自然资源的开发利用、国家发展和世界发展等多种领域中探讨了系统动力学的理论和应用问题,并取得了显著的成果。国外许多杂志和书籍都介绍了这方面的研究成果。这些研究成果分别代表了不同时期的理论研究和应用研究的水平。20世纪60年代是系统动力学的重要发展时期。在这一时期,人们研究的主要对象是工业系统和城市系统,其主要的代表作有福雷斯特教授著的《工业动力学》《系统原理》《城市动力学》等。上述著作和论文进一步完善了系统动力学的理论和方法,开拓了系统动力学的应用领域,为其以后发展奠定了坚实的基础。

(3)应用和发展阶段(20 世纪 60 年代末—80 年代末)

1968 年 4 月应意大利经济学家奥雷利奥·佩切伊博士和英国科学家 A·金的邀请和倡议,来自十几个国家的三十几位科学家、教育学家、企业家等,在罗马的林西研究院成立了一个非正式的国际协会——罗马俱乐部。

罗马俱乐部虽然是一个非正式的国际协会,但影响非常深远,后来被称为“无形的学院”。其宗旨是要促进人们对全球系统各部分——经济的、自然的、政治的、社会的组成部分的认识,促进制定新政策和新行动。

20 世纪 70 年代初,福雷斯特的学生梅多斯教授在罗马俱乐部的财政支持下,组建了一个国际研究小组,在福雷斯特教授用系统动力学方法建立的“世界模型Ⅱ”的基础上完成了“世界模型Ⅲ”的研究工作,并向罗马俱乐部提交了题为《增长的极限》的研究报告。全书分为“指数增长的本质”“指数增长的极限”“世界系统中的增长”“技术和增长的极限”“全球均衡状态”等 5 章,从人口、农业生产、自然资源、工业生产和环境污染几个方面阐述了人类发展过程中,尤其是产业革命以来,经济增长模式给地球和人类自身带来的毁灭性灾难。这些要素都在按“指数规律”甚至是“超指数规律”增长。按照这种发展趋势,用不了一个世纪,世界的发展将会达到极限。到达极限后,人口等各方面将会产生灾难性的衰落。同时,在报告中也提出了达到全球平衡和稳定发展的决定性条件。书中以各种数据和图表有力地证明了传统的经济发展模式不但使人类与自然处于尖锐的矛盾之中,并将会持续不断地受到自然的报复。该书还指出:“改变这种增长趋势和建立稳定的生态和经济的条件,以支撑遥远未来的社会经济系统是可能的”。

这个报告发表后在世界上引起了激烈的争论,持对立意见的学者认为其结论是“悲观主义”的结论。尽管争论双方的观点大相径庭,但在使用系统动力学方法建立世界模型这一点上是没有分歧的。罗马俱乐部执委会在对报告的评论中指出,这份报告中所使用的主要方法是定量方法，这是一种理解世界性问题所不可缺少的方法。后来，这份报告被译成 34 种文字，发行了 600 多万册，并被列为第 31 届联合国大会的文件。

系统动力学在美国、日本、德国、前南斯拉夫、波兰及欧洲的一些国家中都被普遍地研究和应用，尤其是利用系统动力学方法建立国家模型。美国国家模型、德国国家模型、美国威斯康星地区能源规划模型、俄克拉何马州下一世纪规划等都是很好的应用实例。其中，由福雷斯特教授负责组织建立的美国国家模型是诸模型中的佼佼者。该模型是从 1972 年开始着手构建，历时 11 年，建立了一个多达 4000 个方程数的全国模型。该项研究曾得到了几十家企业、公司以及美国本国和国外政府的财政资助，耗资约 600 多万美元。这个模型揭示了美国与西方国家经济长波形成的内在原因，是该项研究的最有价值的研究成果。由于系统动力学在美国模型和西方经济长波理论研究方面取得了巨大成就，使得这门学科 20 世纪 80 年代有了更大的发展，达到了更加成熟的水平。

(4)理论发展和多学科综合应用阶段(20 世纪 80 年代开始到现在)

20 世纪 80 年代，在理论研究方面，系统动力学正在加强与控制理论、系统科学和突变理论的联系，同时也在加强关于耗散结构、结构稳定性分析、灵敏度分析与参数估计以及优化技术应用和专家系统方面的研究。在应用研究方面，作为一门专门研究复杂反馈系统动态行为的科学，系统动力学现已得到了非常广泛的应用。例如，有的学者综合考虑政策、人类活动、冰面覆盖率、CO_2 含量等多方面因素对地球气候变化进行了系统动力学分析和研究(Jorgen Randers，2016)；而本书作者的团队在光伏发电发展(Xiaopeng Guo，2015)、核电发展(Xiaopeng Guo，2016)以及煤炭价格分析等多个方面均采用了系统动力学来建模分析，并取得了一定的研究成果。因此，本书在后续章节中将主要应用系统动力学来建模分析京津冀地区能源低碳发展的相关问题。

2.3.2　基本原理

系统动力学认为，系统的基本结构单元是反馈回路——耦合系统的状态、速率(或称决策)与信息的一条回路。回路是组成系统的基本结构单元，通过整理分析，社会经济系统的结构可以抽象成“回路”“积累”“信息”“延迟”和“决策”，这些因素之间的运动规律类似于流体在回路中流动所呈现的规律。流体在“回路”流动必然要产生“积累”现象，堆积的物质就要产生压力，这种压力通过“信息”的传递作用于决策者，迫使决策者利用收到的信息，根据控制策略做出必要的“决策”去改变流速，从而改变积累的物质。由于物质和信息在传递过程中是需要时间的，于是产生了“延迟”问题，而正是因为延迟的存在使得系统状态产生波动，增加了系统控制的准确性和难度。这就是系统动力学的基本原理。这种思想将系统状态与决策紧密联系起来，使社会经济系统的模型化过程真正体现了人机共存的特点。

系统动力学从系统的微观结构出发建立系统的结构模型，用回路描述系统结构框架，用因果关系图和流图描述系统要素之间的逻辑关系，用方程描述系统要素之间的数量关系，用专门的仿真软件进行模拟分析。整个分析过程从定性、半定量，最后又把定量的数学模型简单地转换成计算机程序，利用计算机进行最终仿真分析。因此，人们普遍感到这种方法既有一定的理论性又简单实用，无论是专家、学者还是实际管理者都能使用，并能解决复杂的、非线性的和带有延迟现象的系统性问题。因此自系统动力学创建以来，在许多领域都受到欢迎，并得到了广泛的应用。

2.3.3　基本方法

系统动力学的基本方法包括因果关系图、流图、方程和仿真平台。

因果关系图:描述系统要素之间的逻辑关系。其中,变量之间相互影响作用的性质用因果关系链来表示,因果关系链中的正、负极分别表示了正、负两种不同的影响作用。

流图:描述系统要素的性质和整体框架。因果关系图虽然能够描述系统反馈结构的基本方面但不能反映变量的性质,而不同性质的变量对系统行为的影响完全不同。譬如,状态变量是系统动力学中最重要的变量,它具有积累效应。正是由于状态变量的积累效应,使系统行为产生惯性和反直观性。为了进一步揭示系统变量的区别,流图用不同的符号代表不同的变量,并把代表不同变量的各类符号用带箭头的线连接起来,便形成了反映系统结构的流图。

方程:将系统要素之间的局部关系量化。在系统动力学模型中,主要有3类方程,即水平方程、速率方程、辅助方程。它们分别描述了状态变量、速率变量和辅助变量的变化规律。

仿真平台:是将系统动力学模型输入计算机进行仿真和调试的环境。利用仿真平台,研究者可以根据研究的目的,设计不同的政策方案。本书研究所采用的Vensim仿真平台是应用较为广泛的软件之一。

2.3.4 主要建模步骤

这个过程大体可分为五步。第一步,用系统动力学的理论、原理和方法对被研究的对象进行系统、全面的了解、调查分析;第二步,进行系统的结构分析,划分系统层次与子块,确定总体的与局部的反馈机制;第三步,运用绘图建模专用软件建立定量、规范的模型;第四步,以系统动力学理论为指导,借助模型进行模拟与政策分析,进一步剖析系统得到更多的信息,发现新的问题,然后反过来再修改模型;第五步,检验评估模型。

(1)系统分析

系统分析是用系统动力学解决问题的第一步,其主要任务在于分析问题,剖析要因。

①调查收集有关系统的情况与统计数据;

②了解用户提出的要求、目的与明确所要解决的问题;

③分析系统的基本问题与主要问题、基本矛盾与主要矛盾、变量与主要变量;

④初步划定系统的界限,并确定内生变量、外生变量、输入量;

⑤确定系统行为的参考模式。

(2)系统的结构分析

这一步的主要任务在于处理系统信息,分析系统的反馈机制。

①分析系统总体的与局部的反馈机制;

②划分系统的层次与子块;

③分析系统的变量、变量间关系,定义变量(包括常数),确定变量的种类及主要变量;

④确定回路及回路间的反馈耦合关系,初步确定系统的主回路及它们的性质,分析主回路随时间转移的可能性。

(3)建立定量的规范模型

①确定系统中的状态、速率、辅助变量和建立主要变量之间的数量关系;

②设计各非线性表函数和确定、估计各类参数;

③给所有方程和函数赋值。

(4)模型模拟与政策分析

①以系统动力学的理论为指导进行模型模拟与政策分析,进而更深入地剖析系统的问题;

②寻找解决问题的决策,并尽可能付诸实施,取得实践结果,获取更丰富的信息,发现新的矛盾与问题;

③修改模型,包括结构与参数的修改。

(5)模型的检验与评估

模型的检验与评估,往往在模型建立过程中就已经涉及。在模型建设完成后,再进一步的对指标参数、单位、指标间关系进行检查。

第3章 燃煤火电发展分析

火力发电是指利用煤、石油、天然气等燃料的燃烧产生热能，通过热能来加热水继而产生高压水蒸气，然后由水蒸气的高压推动发电机继而发电的一种发电方式。火力发电是所有发电方式中历史最久的，目前仍是我国最主要的发电方式。由于地球上化石燃料的短缺，以及温室气体排放和环境的恶化，我国正尽力开发风电、核电、太阳能发电等清洁能源，以求最终解决人类社会面临的能源问题和环境问题。

传统火电发展至今，在低碳发展、节能减排以及环保政策等的多重压力下，进入了瓶颈期，如果不加快转型升级、调整结构以适应新时代的发展要求，那么火电企业将很难稳健发展。而火力发电因为其特点，在生产过程中产生大量有害气体和温室气体，是我国发展低碳经济主要的关注对象，因此，我国火电行业的发展情况和行业问题是值得探讨和研究的话题。

3.1 发展现状与趋势

3.1.1 火电企业整体发展情况

(1)火电装机和利用小时数

火力发电是我国的主要发电形式，长期占据总装机容量和总发电量的七成左右比例。火力发电包括燃煤发电、燃气发电、燃油发电、余热发电、垃圾发电和生物质发电等具体形式。其中燃煤发电又可以分为常规燃煤发电和煤矸石发电，燃气发电又可以分为常规燃气发电和煤层气发电等。

火电装机在过去的几年内大幅增长，远远超过电力需求的增速。2015 年，由于大量的火电投资建设，使火电装机容量增长十分迅猛，全年的火电基本建设投资完成额累计达到 1396 亿元，净增火电装机 6400 万千瓦，成为 2010 年以来投产量最多的年份。截至 2016 年底，我国全口径火电装机 10.5 亿千瓦，同比增长 5.3%，其中燃煤（含煤矸石）发电装机容量占 89.4%。火力发电量为 42886 亿千瓦，其中燃煤（含煤矸石）发电量占 91.1%，净增火电装机 5338 万千瓦，其中煤电净增 4753 万千瓦。全国发电量同比增长 2.4%，自 2013 年以来首次实现正增长。设备利用小时 4165 小时，比 2015 年降低 199 小时。

出现这种现象的原因有二，其一是国务院颁发的《政府核准投资项目目录（2014 年本）》将火电项目的审批权由中央下放至各省级政府，而地方政府为保 GDP 增长对火电项目大开“绿灯”，新建火电项目无计划、无节制；其二是因为煤炭价格低迷，火电企业利润高，刺激各大发电集团在各地纷纷建厂。2017 年，甘肃、广东、新疆等省份被要求压减煤电投产规模，多个项目被要求缓建，共计 10010 万千瓦。

2016 年国家发改委和国家能源局联合下发特急文件，督促各地方政府和企业放缓燃煤发电建设，化解产能过剩局面。随着政策变化，煤电投资和建设逐步降温，2017 年 1—2 月火力发电设备利用小时同比小幅回升，产能过剩局面初步得到遏制。预计未来几年内火电产业形势依然严峻，对于燃煤发电建设的风险预警机制将继续发挥作用。国家能源局将通过经济性、装机充裕度和资源约束三项预警指标，设置绿色、橙色和红色评级，指导地方政府和企业有序规划和建设煤电项目。据有关部门预计，2017—2020 年煤电装机增速将会保持低位，年均复合增速约在 3.5%，每年约新增装机 0.33～0.37 亿千瓦，到 2020 年煤电装机控制在 11 亿千瓦内。

(2)燃料供给及电煤消耗

煤炭是火力发电的主要燃料,因此火电产业的发展与煤炭市场息息相关。与此同时,煤炭产业的发展又受到国家政策调控的影响。尤其在近年来,我国的空气质量不容乐观,雾霾天气时有发生,国家出台了诸多政策来减少有毒有害气体、温室气体、可吸入颗粒物等污染物的排放。煤炭的燃烧不仅会产生二氧化碳等温室气体和硫化物等有害气体,而且还会产生大量的可吸入颗粒物,对人类的身心健康和大气环境造成了很大的影响。因此,煤炭的使用量随着社会的发展将会逐步减少甚至退出历史舞台。据有关部门预计,到2020年我国每年煤炭需求量会下降1%~3%,火电的耗煤量占煤炭总消费量的比重也将相应下降。

从煤炭供给来看,我国煤炭的供给来源主要包括国外进口和国内煤炭的开采,煤炭进口量近年来稳定在总消费量的7%左右,短时间内不会出现较大浮动,因此在供给端我们主要关注国内产能、产量的变化。国内煤炭供给很大程度上受到政策调控的影响,其中,去产能政策使2016年全年减少2.9亿吨煤炭开采和生产,2017年计划去产能1.5亿吨以上,3~5年内煤炭总共要去产能8亿吨,同时严格控制新增产能投放。276政策(即煤矿生产276个工作日制度)的实施,使煤炭的生产时间相较正常330个工作日减少16%,进而减少约16%产量(约6亿吨),该计划有效地制约了我国煤炭市场的煤炭供给量。煤炭库存情况反应了煤炭的供需情况和短期内煤炭价格走向,是关注煤炭市场动态的重要指标,2016年以来,供给侧改革导致煤炭供给量大幅减少,各港口和企业开始消耗库存,全社会煤炭库存出现较大程度下降,从2015年底的3.3亿吨下降至2016年底的1.5亿吨。2017年六大发电集团库存及可用天数处于近几年较低水平[①]。

从煤炭消费来看,煤炭消费的比重逐步降低,预计到2020年煤炭消费比重从2016年的62%降低到58%以下,煤炭消费总量控制在41亿吨以内。煤炭消费的峰值出现在2013年,即使未来经济增长导致的煤炭需求超过此峰值，但也不会超出太多。同时，由于中国缺油少气的能源结构，从煤炭到新能源普遍使用的过渡存在一定挑战，因此煤炭在一次能源中的比例不会大幅下滑，仍保持主导地位。煤炭消费量的变化来自三个方面的影响：其一，中国经济正处于转型时期，经济增长正在从传统经济向第三产业转型，这个过渡期需要一段时间，中国经济的稳增长仍然一定程度上依赖传统经济，煤炭作为传统经济中的主要能源，其主导地位不会轻易被动摇；其二，煤企和媒体下游需求行业的改革力度，2016 年煤炭产量下降了 7.9%；其三，新能源发电量的增加使煤电产量减小，截至“十二五”末(2015 年)，我国可再生能源装机容量占全球总量的 24%，新增装机占全球增量的 42%，已成为世界利用新能源、可再生能源第一大国②。

(3)火电上网电价

上网电价是指电网购买发电企业的电力和电量，在发电企业接入主网架那一点的计量价格。目前上网电价主要实行两部制电价，即容量电价和电量电价，容量电价由政府制定，电量电价由市场竞争形成。也可以简单理解为电网企业向发电企业进货时的批发价，然后电网企业再将电卖给居民或者企业等用户使用。火电上网电价即火电厂发出来的电所售卖的价格，该价格由国家规定，不能随意更改。煤炭价格的上涨导致发电企业的发电成本增加，但其上网电价没有较大改变，许多发电企业濒临亏损。

2017 年 1 月国家发改委印发了《省级电网输配电价定价办法(试行)》，办法中表示，2017 年 1 月 1 日全国煤电标杆上网电价不作调整。煤电标杆上网电价不调整，客观上有利于稳定市场预期、稳定实体经济用能成本、促进煤电行业供给侧结构性改革。未来时期，国家将继续采取释放先进产能、调配铁路运力、推动签订长协、稳定市场预期等措施，推动电煤价格尽快合理回归，促进燃煤发电行业平稳健康发展。

(4)发电技术及环境污染

①火力发电指标水平。发电煤耗又称发电标准煤耗，是火力

发电厂每发1kW·h电能平均耗用的标准煤量。供电煤耗又称供电标准煤耗,是火力发电厂每向外提供1kW·h电能平均耗用的标准煤量,它是按照电厂最终产品供电量计算的消耗指示。煤耗是国家对火电厂发电技术的重要考核指标之一。我国6MW及以上电厂供电标准煤耗已经达到312g/kW·h,发电标准煤耗达到294g/kW·h。燃煤发电的供电煤耗和发电煤耗近年来呈现逐年下降趋势,目前我国采用600℃超超临界燃煤发电技术的1000MW级湿冷机组、1000MW级空冷机组、600MW级湿冷机组和600MW级空冷机组的供电煤耗值依次为286、298、291和299g/kW·h左右。

我国在燃煤发电的环保指标上采用排放绩效指标进行综合评价,2015年我国燃煤发电的烟尘、SO_2和NO_x的排放绩效依次为0.09、0.47和0.43g/kW·h,CO_2排放绩效按照供电煤耗折算约为780g/kW·h水平,整体排放绩效达到世界先进水平。

燃气发电技术指标方面,我国主流采用F级燃气轮机(单循环效率约为38%,联合循环效率约为58%)和G/H/J级燃气轮机(单循环效率和联合循环效率分别可以达到41%和61%)。由于燃气发电几乎不排放烟尘和SO_2,且采用F级燃气轮机发电的NO_x排放绩效典型值约为0.30g/kW·h,CO_2排放绩效约为450g/kW·h水平,因此燃气发电在环保指标方面相比燃煤发电具备一定优势,近年来燃气发电装机容量和发电量增长更为迅速。

②火力发电技术和环保技术。安全高效、清洁环保是火电技术发展的主流方向,同时还要面临能源储量限制和可持续发展问题,改进火力发电的技术对于我国电力行业持续发展具有重要作用。

燃煤发电技术方面主要关注于如何提高煤炭的燃烧效率和减少污染物排放两方面。近年来随着技术进步燃煤发电领域应运而生的先进技术主要有提高燃烧和发电效率技术、机组锅炉控制技术、设备控制系统中的人工智能技术等方面。其中,煤气化联合循环技术(IGCC)的烟尘排放接近于零,脱硫率可达98%,脱氮率可达90%,具有明显的环保优势,并且煤气化联合循环技术与碳捕集利用与封存技术(CCUS)相结合可实现CO_2的近零排放。袁家海等(2017)指出在燃煤发电的经济性方面,以2016年燃煤火电建设成本约4500—5000元/kW的水平来看,单位电量成本结合2016年的燃煤价格,按平准化发电成本计算约为0.28元/kW·h水平。

此外,燃气发电技术和余热发电技术近年来也得到新的突破和进展。预计到2020年,随着先进燃气轮机发电机组的建设与投运,燃气轮机单循环效率可以达到40%水平,联合循环效率可以提升至60%水平。余热发电领域的前沿技术近年来不断涌现,主要包括有机朗肯循环(organic Rankine cycle,ORC)、利用余热的超临界CO_2布雷顿循环、斯特林循环等[④]。

应用于火力发电的环保处理技术主要有三个方面:煤炭的源处理技术:该技术主要是对煤炭燃烧之前进行处理加工,从而提高煤炭的燃烧效率和减少污染物排放,主要包括洗选煤、型煤、水煤浆等技术;过程处理技术:过程处理就是对煤炭燃烧过程进行控制,包括脱硫技术、脱硝技术、烟气再循环技术等;烟气处理技术是将煤炭燃烧后产生的废气中的有害气体处理后排放到大气中的技术,同时对CO_2进行捕集处理。

3.1.2 火电的发展趋势

(1)整体发展方向

目前我国90%以上的电源由火电和水电提供,而水电周期波动较大导致火电主导地位难以动摇,加之我国煤炭丰富、电力偏紧的资源特征,决定了在今后一定时间内,火力发电仍将在电力工业中占据重要地位。从2016年对火电严格控制一系列政策出台以来,虽然火电发展增速减慢,但长远来看,在环保技术进步、发电成本降低、电力需求增加等积极因素的推动下,火电行业未来发展前景仍然乐观。

近几年来，环保节能成为我国电力工业结构调整的重要方向。火电行业在"上大压小"的政策导向下积极推进产业结构优化升级。关闭大批能效低、污染重的小火电机组，在很大程度上加快了国内火电设备的更新换代，拉动火电设备市场需求。

随着国内经济发展速度持续放缓，我国电力生产消费呈现出新的特征。电力供应结构持续优化，电力消费的增长速度减缓，且需求增长的主要动力由高耗能向新兴产业、服务业和居民生活用电转换，供大于需是电力供需的主流形势，火电行业产能过剩的态势将进一步加剧。

清洁能源发电逐步抢占火电的利用空间。资料显示2017年1—10月，全国水电设备平均利用小时为3024小时，比上年同期降低44小时，2017年来水总体偏枯。根据2017年11月国家发改委、能源局发布的《解决弃水弃风弃光问题实施方案》，云南、四川水能利用率将力争达到90%左右，并到2020年有效解决弃水弃风弃光问题。国家政策要求保证水电的充分消纳，未来我国将大力发展清洁能源，火电的利用空间受到限制。

(2)发电技术

在技术层面上，火力发电的清洁高效发展是我国的必然选择。为此，《国家能源科技"十二五"规划》(下称《规划》)在火力发电技术领域确定了将"高效、节能、环保的火力发电技术"列为能源应用技术和工程示范重大专项。根据《规划》要求，通过高效、节能、环保的火力发电应用技术和工程示范重大专项的实施，到"十二五"末期，我国将在火力发电科技方面实现700℃超临界燃煤发电关键技术和40万千瓦IGCC关键技术的突破，掌握火电机组大容量二氧化碳捕集技术。在火电装备制造方面，将建立完善的燃气轮机研制体系，重点突破热端部件设计制造技术，实现重型燃气轮机和微小型燃气轮机的国产化和本地化。同时，在火力发电领域，将依托相关能源企业、科研院所和高等院校建成一批国家能源研发中心，有力支撑清洁、高效、环保的火力发电方面的技术创新和装备研发。

总之,在目前的火力发电技术和研究成果的基础上,火力发电技术方面在“十三五”期间的首要任务是重点突破和完善的关键技术,包括700℃超超临界、超临界 CO_2 布雷顿循环、IGCC 等前沿技术。产业发展方面,火电产业将在国家政策调控引导下逐步向高效、环保、低碳的方向转型升级。

3.2 火电发展的相关政策

国家颁布的对火电行业的相关政策具有两个基本出发点。一方面是从节能减排的角度出发,从一次能源的合理利用规划,到发电煤耗要求,再到能源用户端管理,全方位的贯彻了节约能源的指导思想。另一方面是环保约束,主要体现在对发电设施、发电技术、废弃处理工艺等方面的严格把控和要求上。

3.2.1 能源发展政策

2016 年,国家发改委、能源局印发一系列控制火电新建机组、淘汰落后机组的文件,如:《关于促进我国煤电有序发展的通知》《关于建立煤电规划建设风险预警机制的通知》《关于进一步做好煤电行业淘汰落后产能工作的通知》和《关于开展煤电项目规划建设情况专项监管工作的通知》。除江西、安徽、海南、湖北外,其余 28 个省级电网覆盖区域不允许新建煤电项目,2016 年末火电装机增速明显放缓。

2017 年,煤电去产能被提上日程,国家能源局下发《关于衔接各省“十三五”煤电投产规模的函》,对全国需停建、缓建的煤电项目进行了规定;2017 年 7 月,十六部委联合发文《关于推进供给侧结构性改革防范化解煤电产能过剩风险的意见》,“十三五”期间全国停建和缓建煤电产能 1.5 亿千瓦。受政策限制新增火电机组的影响，2017年上半年装机规模增速仅4.6%，较2016年同期下降3.3个百分点，新增装机1421万千瓦，同比下降47.6%。在产能控制背景下，加之用电需求回暖、上半年来水偏枯，火电上半年发电量增长7.1%，利用小时数达2010小时，同比增长46小时，煤电去产能初见成效。

《电力发展“十三五”规划》中指出，到2020年我国煤电装机比重将从59%下降至55%，但是煤电作为我国发电的主力电源这一基本事实不变。随着需求改善、去产能继续推进，以及主动补库存周期对价格的支撑，煤炭供需将维持紧平衡态势，2018年煤炭价格保持高位震荡。此外，根据国家发改委《关于推进2018年煤炭中长期合同签订履行工作的通知》，要求2018年下水煤基准价不高于2017年，通知还要求中央和各省、区、市及其他规模以上煤炭、发电企业集团签订的中长期合同数量，应达到自有资源量或采购量的75%以上。这一政策的执行意味着2018年火电厂具备良好的盈利条件。

总体来看，我国的能源发展政策向可再生能源的发展倾斜，这不仅满足环保要求，也顺应了低碳发展的世界潮流。

3.2.2 节能减排政策

“十二五”期间，财政部门安排专项资金支持企业节能技术改造。火力发电是各种发电方式中产生污染最大且耗费大量不可再生资源的发电方式。我国推出的十大重点节能工程有：燃煤工业锅炉（窑炉）改造工程；区域热电联产工程；余热余压利用工程；节约和替代石油工程；电机系统节能工程；能量系统优化工程；建筑节能工程；绿色照明工程；政府机构节能工程；节能监测和技术服务体系建设工程。这些政策在一定程度上缓解了火电的发电效率，减少了污染物的排放。

对于脱硫脱硝的治理，我国颁布了一系列政策法规。《现有燃煤电厂二氧化硫治理“十二五”规划》分析了我国燃煤电厂二氧化硫治理现状、面临的形势与任务的基础上，提出了现有燃煤电厂二氧化硫治理的指导思想、原则和主要目标，并提出了重点项目及保障措施。国家发展改革委、环保总局根据《规划》将每年公布需安装烟气脱硫设施的电厂名单、重点项目及完成情况，接受社会监督。同时，将加快制订烟气脱硫设施建设、运行和维护技术规范，开展烟气脱硫特许经营试点，加大对已投运烟气脱硫设施运行的监管，对非正常停运烟气脱硫设施将加大处罚力度。《燃煤发电机组脱硫电价及脱硫设施运行管理办法（试行）》从脱硫设施建设安装、在线监测、脱硫加价、运行监管、脱硫产业化等方面提出了全面、系统的措施。自 2012 年 1 月 1 日起，我国实施新的《火电厂大气污染物排放标准》(GB 13223—2011)，此标准被业界称为"全球最严"的大气污染物排放标准。

3.2.3 补贴政策

我国对火电企业的补贴政策主要是鼓励对脱硫、脱硝等设施的改造投运，以及在排污费征收上的优惠政策。而随着环保政策力度的加大，对火电企业的排放标准要求也越来越严格。有关部门不仅屡次修订《火电厂大气污染物排放标准》，而且对重点地区设定特别排放限值，火力发电厂的改造的步伐不断加快。为了支持电厂的改造，国家出台的《全面实施燃煤电厂超低排放和节能改造工作方案》中制定了超低排放电价支持政策，即从 2016 年 1 月 1 日起，给予并网运行且达到超低排放标准的机组 0.5 分/度的上网电价补贴。

尽管如此，火电企业面临的压力越来越大，补贴政策跟进的情况并不十分理想。据有关报道称，除少数地区外，中、西部许多省份并未根据当地情况制定相关激励政策，个别省级部门对于超低排放补贴电价的落实情况也不尽如人意。发电企业方面，很多企业也不能按照政策执行，仍然存在着排放超标的现象。按照度电 2.7 分补贴价格来算，从 2008 年到 2016 年，国家共计为煤电补贴了 9195.62 亿元，平均每年的补贴都在 1000 亿元左右，但治理效果并不那么理想，2014 年 6 月，环保部曾经发出对 2014 年脱硫、脱硝设施存在突出问题的 17 家企业予以处罚的公告。因此，有关部门应继续考量补贴政策的有效性，使发电企业切实做到“清洁发电、低碳发电”。

3.2.4 电力体制改革新政策

为控制煤电规模，国家能源局向甘肃、广东、新疆等省份下发通知，要求压减煤电投产规模，大量项目被要求推迟到“十三五”后。共有 11 个省（区、市）收到相关通知，83 个项目被要求缓建，共计 10010 万千瓦。《电力发展“十三五”规划》则要求，至 2020 年全国煤电装机规模控制在 11 亿千瓦以内。

国家发改委发布《省级电网输配电价定价办法》，按照“准许成本加合理收益”原则，明确省级电网输配电价制定的原则和方法，同时建立对电网企业的激励和约束机制，形成科学、规范、透明的输配电价监管制度。根据《办法》，国家发改委正在指导试点省份价格主管部门测算 12 个省级电网输配电价，预计将进一步降低输配电价，较大幅度降低企业用电支出。

2015 年底，国家发改委按照公开透明、协调发展的原则，对煤电价格的联动机制进行了完善，明确对煤电价格实行区间联动机制，以适应煤炭电力市场的形势变化，促进煤炭电力行业的健康协调发展。2016 年 1 月，国家发改委根据煤炭价格下降幅度，下调燃煤机组上网电价每千瓦时 3 分钱，并同幅度下调一般工商业销售电价，每年可减少企业用电支出约 225 亿元。

《关于加快关停小火电机组的若干意见》中强调，要加快调整电力工业结构，下决心淘汰一批不符合节能环保标准的小火电机组，建设一批大型高效环保机组，发展一批清洁能源和可再生能源发电机组，为完成“十一五”节能减排约束性指标做出贡献。

近年来，我国出台的相关政策进一步对化石能源发电企业严格约束，电网企业、政府、能源行业等都在积极配合改革，努力完成未来的发展目标。

3.3 火电面临的问题和面临的挑战

3.3.1 火电建设中的问题

由于火力发电设施的投资相对较少，获利周期短，因此在过去的十几年内火电厂的建设数量得到了飞速增长。从 2005 年开始，火电设施的建设加快了脚步。例如 2005 年新投统调装机容量 5383.34 兆瓦，同比增长 16.84%。其中水电 1389.3 兆瓦、火电 3922.64 兆瓦，火电成为几大发电方式中增长最快的产业，在随后的几年内，火电的建设也有增无减。与此同时，出现了一些无序竞争、无序扩建的现象，五大发电集团也在全国各地纷纷建设火电厂，而地方政府为了拉动经济增长也十分支持火电项目的开展，这在一定程度上导致了我国火电的过量投资。这一现象导致的直接后果就是火电机组可利用小时数同比减少；系统富裕容量显著增加，火电厂出现了“僧多粥少”的状况。

进入“十三五”时期，我国经济发展步入新常态，供给侧结构性改革正深入推进，电力企业的发展也进入新阶段，电力发展理念随之变化。去产能、调结构的措施全面实施，许多火电项目被取消、缓核、缓建。火电厂处于产业链下游，基础设施建设受到控制，生存压力骤然变大。问题主要表现在，火电建设市场进一步压缩，企业发展前景令人担忧；在建项目被停止后，前期投入难以得到收回；机组和人员闲置，生产和经营压力叠加等。

在中国电力需求增速放缓、电源建设速度未明显下降的背景下，2017 年火电企业正面临着产能过剩、用煤成本高企等问题，中国火电企业面临亏损。煤电的价格联动机制落空，煤价不断波动使得 2017 年成为火电企业较为困难的一年。除此之外，火电企业还面临着全社会用电量增速低迷、新增装机规模巨大及地方政府压制电厂降电价，让利于用电企业等一些问题。

3.3.2 产业链供需问题

火力发电的主要原材料为煤炭、石油、天然气等，因此火电产业链的上游产业主要是以煤炭、石油、天然气的采集为主的行业，下游产业主要是以第二产业为主的用电行业，生产过程中需要发电设备，目前售电的主要对象是电网公司。火电整体发展离不开产业链上下游企业的发展状况以及政府的宏观调控，火电的发展并不是一帆风顺的，尤其是近几年以来更是“举步维艰”，这一定程度上取决于产业链中存在的问题。

(1)煤炭供给和发电

煤企作为火电产业链的上游企业，是火力发电的主要供应商。煤炭价格的上涨使得火电企业利润大减，甚至濒临亏损。我国火电企业总成本中，一半以上来自于煤炭。2015 年我国约有 18.4 亿吨的煤炭用于发电，按照这个数据计算的话，煤炭价格每吨涨 10 元，火电企业就会增加约 180 亿元的成本。从上网电价来看，继 2015 年 4 月国家下调电价之后，自 2016 年 1 月 1 日起，燃煤上网电价再下调 3 分/kW·h，是自 2013 年以来最大的一次下调。随着我国“去产能”政策的跟进，煤价上涨的趋势更加不可避免，火电企业成本继续增加。不仅如此，电厂发电设备平均利用小时数也在下降，新能源的比重在不断增加，这些因素都是火电企业需要面临的重要问题。而火电产业链的下游电网不断下调电价，这更进一步压缩了火电企业的利润。

火电供应过剩，各种新型能源发电形式快速发展对传统火电造成冲击。随着用电增速放缓和电源规模扩张，全国电力供需进一步宽松，部分地区甚至出现盈余，对火电的需求更加疲软。全国的火电设备平均利用小时数连续四年出现负增长表明了我国电力供应过剩的事实，从发电类型来看，2015 年全国火电、水电、风电和核电设备平均利用小时分别较上年下降 410 小时、48 小时、172 小时和 437 小时。利用小时数作为衡量电力供应松紧度的关键指标，应该作为火电企业在进行投资决策时的重要参考。

(2)用电需求

受国内经济增速持续放缓和经济结构调整的影响，全国电力需求增速明显放缓，全社会用电量增速创近四十年来新低。2016 年我国全社会用电量累计 5.55 万亿千瓦时，同比下降 3.3 个百分点，创 1974 年以来最低记录，火电行业未来的持续健康发展堪忧。

从地区来看，2016 年东部地区用电增速最高，拉动全国用电增长 0.4 个百分点。而西部地区在产业结构调整升级、国内外经济增长缓慢影响下，高耗能行业用电增速回落，用电量增速大幅回落。

从产业来看，第二产业的用电量同比下降明显，2016 年，四大高耗能行业的总用电量同比下降 3.4%，对全社会用电增速造成直接影响。而随着第三产业蓬勃发展、城镇化及居民用电水平提高，其用电量在稳步提高，这是国家经济结构调整的决定性成果。

(3)国家和政府方面

国家和政府对火电的影响主要体现在政策调控上，目前政府严控火电产业规模，防止产能过剩。同时我国积极鼓励非化石能源的发展在一定程度上也限制了火电的发展空间，许多政策在原则上不再安排新增煤电规划建设规模，即便是确有电力缺口的省份，也要优先发展非化石能源发电项目。火电上网电价的不断下调也给火电企业带来负面影响，降低了火电企业投产的积极性。

“十二五”以来，国家将火电脱硫脱硝作为应对大气污染防治的重要措施，出台了一系列政策推动燃煤机组加装脱硫脱硝装置。“十三五”期间，我国在火电行业环保关注点将从脱硫脱硝向超低排放转移。2015 年颁布的《全面实施燃煤电厂超低排放和节能改造工作方案》中提出，截至 2020 年，全国所有具备改造条件的燃煤电厂力争实现超低排放,全国有条件的新建燃煤发电机组达到超低排放水平。

3.3.3　其他问题

(1)热电联产

热电联产是指在同一电厂中将供热和发电联合在一起,即电厂锅炉产生的蒸汽驱动汽轮机的过程或之后的抽汽、排汽中的热量可以继续利用进行供热,这种既发电又供热的生产方式称为热电联产,简称 CHP。热电联产是既产电又产热的先进能源利用形式,与热电分产相比具有降低能源消耗、提高空气质量、补充电源、节约城市用地、提高供热质量等诸多优点。另外,热电厂由于锅炉容量大、除尘效果好、烟囱高等特点,热电联产还可实现炉内脱硫除硝,相比传统火电厂其环境效益和社会效益非常巨大。

虽然热电联产具有许多优势但仍然存在一些问题,在后续的生产运营过程中需要进一步优化和改善。其中,供暖平均能耗偏高、污染严重是最主要的问题之一,例如 2017 年冬季北京的雾霾天气与供暖直接相关。另一方面,用电需求增长缓慢但用热需求持续增加,大型抽凝热电联产发展方式受限。此外,大型抽凝热电比例过大不利于清洁能源消纳和城市环境进一步改善,安全问题无法得到保障。

(2)燃料库存

火电厂的库存主要指的是电煤库存,电厂的库存水平直接影响企业的安全稳定生产,如果库存过高则会占用大量资金,库存不足则会无煤发电,造成重大经济损失,这在火电厂是不允许发生的。火电厂煤炭的特点是需求高、流量低和库存周期不稳定,电力企业往往在管理中将重点放在企业的生产与运作上,对电煤的库存管理不够重视,导致电煤库存与电力生产相脱节。目前,火电企业电煤库存管理方面存在诸多问题,如库存管理策略较为简单、忽略不确定性因素的影响、缺乏协调以及信息传递效率低等问题。大部分中小型火电厂没有规范性措施，库存导致的成本增加和资源浪费是火电企业需要改善的问题。

(3)企业风险

任何企业都会存在着风险，火电也不例外，其主要来自于以下几个方面：首先，企业的资金风险一方面是由煤炭的价格波动引起，价格上涨造成发电成本增加，企业面临亏损，另一方面，火电产能过剩使得机组的利用小时数下降，造成设施闲置，部分火电企业在此情况下资金链断裂，无法正常运营；其次，环保风险也是火电企业应该重视的问题，受国家环保政策影响，许多电厂排放超标，不能享受国家的脱硫电价政策，从而使企业面临经营风险；最后，火电企业需要面临安全生产风险，电厂每年都会发生多起人员伤亡和设备故障的严重事故，给国家、企业、个人都造成了严重损失。

3.3.4 火电面临的挑战

火电的生产过程不利于环境保护和可持续发展，大力发展火电显然与我国低碳发展的理念是相悖的。在未来的发展规划中，我国将严格把控火电的建设和发展，对项目的审批、老旧机组的治理、污染严重电厂的关停等都将对传统火电造成冲击。此外，煤炭价格、火电上网电价等经济因素也使火力发电的成本进一步压缩，在一定程度上打压了企业对火电的投资积极性。

另一方面，由于火力发电具有稳定性的优势，北方地区在冬季供暖期的电力需求增加，因此在北方地区火电仍然需要大比例存在，在未来一段时期内无法被其他发电形式所替代，低碳发展和环境保护也不能以损害居民用电、供热、供暖为代价。在后续的系统动力学建模分析时，我们也将这一重要因素纳入考量。目前火电的发展应以提高发电技术和能源效率，降低排放为目标，实现与其他新能源的协同可持续发展。

注：本章数据及资料的主要来源如下：

①资料来源：http://www.chinaidr.com/tradenews/2017－07/114142.html。

②数据来源：http://news.bjx.com.cn/html/20170518/826260.shtml。

③资料来源：http://news.bjx.com.cn/html/20170713/836759.shtml。

第4章 其他耗煤产业的发展分析

煤炭是我国的基础能源和重要原料。煤炭工业是关系国家经济命脉和能源安全的重要基础产业。在我国一次能源消费中，煤炭将长期占据主体地位。河北省作为我国重要的工业大省，其煤炭使用量始终居于前列。与此同时，我国北部地区多个重要的煤炭下水港都处于京津冀地区，如秦皇岛港、天津港、黄骅港等。这些因素均会对该地区低碳约束下，多种能源的协同发展起到一定的影响。所以本章着重对京津冀地区的煤炭产业以及其他煤耗产业的发展情况进行分析。

4.1 京津冀地区煤炭产业总体发展情况分析

2016年，国家发展和改革委员会、国家能源局联合印发了《煤炭工业发展“十三五”规划》，规划中明确提出了去产能化的目标，要求化解淘汰过剩落后产能8亿吨，通过减量置换和优化布局增加先进产能5亿吨。同时规划针对京津冀地区的煤炭产业优化布局进行了详细的说明。在生产开发布局上，针对北京市煤炭资源枯竭，产量逐年下降的情况，要求北京市逐步关闭并退出现有煤矿。然而，根据国家统计局的数据显示，从2010年起北京市就已经不再进行煤炭的开采，所以京津冀地区煤炭生产主要集中在河北省。全国范围来看，河北省煤炭资源储量有限，地质条件复杂，煤矿开采深度大，部分矿井开采深度已经超过千米，安全生产压力大。并且河北省人口稠密，地下煤炭资源开发与地面建设矛盾突出。因此，针对河北省的煤炭生产情况，该地区应当将工作重点放到资源枯竭、灾害严重煤矿的退出工作上，并且逐步关闭开采深度超过千米的矿井，合理划定煤炭禁采、限采、缓采区域的范围，合理压缩煤炭生产规模。计划到2020年，将冀中基地的煤炭产量控制在0.6亿吨。在我国的其他一些地区，则要有序推进大型煤炭基地的建设工作，如陕北、神东、黄陇、新疆等地。规划中还指出，要建设煤炭生产、加工、消费一体化的煤炭基地，结合外送电通道建设等系列工程，将华北地区的煤炭运输转变为电力运输。

在生产开发规模上，严格执行减量置换原则，控制煤炭新增规模。京津冀所属的东部地区不再新建煤矿。到2020年，全国煤炭产量要控制在39亿吨。东部地区煤炭产量要控制在1.7亿吨以下，要求北京市退出煤炭生产，河北省实现煤炭产量的下降。在煤炭消费方面，京津冀在内的东部地区煤炭消费量要控制在12.7亿吨以下。在煤炭的跨区调运平衡方面，到2020年，全国煤炭调出省区净调出量预计可达16.6亿吨。其中，通过晋陕蒙煤炭生产基地外调煤炭约15.85亿吨，主要调往华东、京津冀、中南、东北地区及四川、重庆地区。而华东和京津冀地区则是晋陕蒙地区煤炭外调的重要接收区。

从以上政策可以看出，在京津冀地区，天津市与北京市的煤炭生产与消耗量均比河北省少，河北省是京津冀地区主要的煤炭消耗及生产基地。同时针对京津冀的产业发展状况，本章将着重对河北省的煤炭产业以及其他的煤耗产业的发展情况进行分析。

4.2　河北省煤炭产业分析

河北省一直被人们称为“燕赵煤仓”，有着悠久的煤炭开采历史。河北省煤炭储量丰富，累计探明煤炭储量约167亿吨(资料来源于河北省煤矿安全监察局)。河北省煤炭品种齐全，其生产的炼焦煤在同行业中处于领先地位,主要供应鞍钢、首钢、武钢、宝钢、包钢、湘钢、涟钢及该省的邯钢、唐钢、宣钢、邢钢等重点冶金行业。此外,河北省还供应北京、天津、石家庄等地区的焦炉煤气用煤,煤炭产品先后出口了日本、韩国、巴西及港澳等国家和特区。

在过去的“十二五”期间,河北省加快了冀中煤炭生产基地建设,淘汰了落后产能,提高了煤炭生产集中度,优化了结构,取得了良好的发展结果。据统计,在2015年底,该省共建设合法煤矿198处、年产能约12136万吨。在2015年该省煤炭产量达8215万吨,比2010年下降了9.2%,其中精煤产量为4741万吨,比2010年增长了118.8%,淘汰煤矿落后产能成效显著。在“十二五”期间,关闭小煤矿累计237处,年淘汰落后产能约1650万吨,将煤矿主体企业压减到22家。在项目建设上也取得了新的进展。该省以矿井外围补充勘探为重点,兼顾平原深部资源勘探,新增详、精查资源量18亿吨,新增普查预测资源量124亿吨。在煤矿的建设上,先后竣工投产北阳庄矿井、聚隆矿、太行煤矿、阜平矿等4对矿井,年产煤能力约为330万吨,开工建设榆树沟煤矿、邢台矿西井、许庄煤矿3对矿井,加强了资源的综合利用。“十二五”期间,该省用于发电、充填、制砖和修路等领域的煤矸石约3000万吨,占总排出量的63%。2015年,该省国有重点煤矿利用矿井水约1.709亿立方米,矿井水100%达到排放标准。全省煤炭工业实施“走出去”战略,与山西、内蒙古、新疆等地区开展了广泛的战略合作,共合作建成投产煤矿35处,年产煤能力约4265万吨,在建煤矿4处,年产煤能力约2390万吨,开展前期工作煤矿4处,产煤能力约为3100万吨。

河北省煤炭产业在过去的发展中取得了优异的成绩,但是,该省煤炭工业在发展中面临的问题也日益突出。在“三期叠加”的大背景下,该省经济下行压力加大,环境保护和压减煤炭消费任务繁重,煤炭消费动力明显不足(三期叠加,经济增长速度换挡期;产业结构调整阵痛期;前期刺激政策消化期)。其面临的问题，主要有企业经营困难，安全生产压力大以及资源接续储备不足三个方面。受全国经济增速放缓，能源结构调整的影响，全国煤炭产能明显过剩，煤炭需求低迷，致使煤炭企业经营普遍困难。安全生产压力增大，截至 2015 年年底，该省有开采深度超过 600 米的矿井 30 多处，开采深度超过 1000 米的矿井 4 处，矿井地应力、瓦斯压力、奥灰水压增大，高瓦斯、煤与瓦斯突出矿井增多，耦合灾害加剧（煤与瓦斯突出矿井是指该矿井在压力作用下，破碎的煤与瓦斯由煤体内突然向采掘空间大量喷出，是另一种类型的瓦斯特殊涌出的现象。耦合灾害，指灾害因子相互作用相互影响形成的灾害）。先进产能煤矿比重虽然有所提高，但总体占比重仍然偏低，大部分整合技改煤矿复工复产条件不满足要求，安全生产管理面临挑战较大。最重要的是，该省的后续资源储备不足。已被利用的资源在全省已探明的资源中占 80%，未被利用的资源仅占到 7%，勘探区占 13%。全省可用资源比储量保有率和储量保有系数，同全国平均水平相比差距较大。全省国有控股重点煤矿剩余地质储量约为 80 亿吨，其中“三下压煤（铁路、水体和建筑物下压煤）”约 46 亿吨，占总量的 57%。在“三下压煤”中，村庄压煤约 33.5 亿吨，占总量的 42%。村庄搬迁征地困难，搬迁费用高，村庄压煤得不到解放，对正常接续开采影响较大。

因此，针对河北省煤炭产业的发展情况与面临的问题。该省计划加强煤炭开发的科学布局，更加突出大集团、大煤矿主体地位，加强安全生产意识，提高生产效率和企业效益，进一步实现煤炭产业体系和能力的现代化，建成集约、安全、高效、绿色的现代煤炭工业体系。该省计划压缩煤矿生产规模，计划到 2020 年，关闭并退出煤矿 123 处，淘汰落后生产能力 5103 万吨，将全省煤炭产能控制在 7000 万吨左右，煤炭产量控制在 5000 万吨左右。将全省煤炭企业减少到 20 家以内，同时将单个企业年生产规模提高到 300 万吨。在煤炭安全生产方面，提高安全保障程度，进一步健全煤矿的安全生产长效机制，使安全生产能力显著提高，杜绝重特大事故的发生，有效防范较大事故，努力减少零星事故，将全省煤炭生产百万吨死亡率控制在 0.1 以下。努力提升机械化装备水平,计划到 2020 年,努力将全省煤矿采煤机械化程度提高到 80%以上,掘进机械化程度提高到 60%以上,加快推进煤矿安全质量标准化,提高安全生产保障能力。最后,该省还强调要推进绿色生态矿山的建设。积极建设生态文明矿区,进一步减轻煤炭生产开发对环境的影响。提升资源综合利用水平,计划开采煤层气 9 亿立方米以上,利用量 4.22 亿立方米以上,利用率达到 47%左右。煤矸石综合利用率达到 95%以上,矿井水利用率达到 80%以上,矿井水达标排放率 100%,土地复垦率达到 65%以上,新增瓦斯发电装机容量 0.24 万 kW,装机容量 3.14 万千瓦。生产煤矿全部配套建设洗煤厂,原煤入洗率达到 90%以上。限制灰分高于 16%、硫分高于 1%、挥发分高于 10%的散煤销售。推动张家口、承德、秦皇岛、保定 4 市加快成为"基本无煤矿市"。

总而言之,在未来的发展中,河北省将遵循煤炭行业的发展特点和规律,发挥市场在资源配置中的决定作用,严格控制新增产能,有序退出过剩产能,积极发展先进产能,推进煤矿企业兼并重组,促进结构调整和优化升级,提升全省煤炭产业的发展质量和效益。

4.3 河北省其他耗煤产业的发展分析

4.3.1 河北省钢铁行业煤耗分析

钢铁是仅次于电力的第二大煤炭消耗行业,钢铁行业的发展趋势不仅关系到国民经济的发展,也关系到煤炭产业的发展与政策调整。河北有"世界钢铁第一大省"之称。中国钢铁产量世界第一,其中有四分之一以上的钢铁都产自河北省。所以河北省钢铁行业的发展对京津冀地区能源的低碳发展具有较大的影响。

河北省作为我国重要的钢铁生产大省,已基本建成了钢铁工业体系完整的全球产业链,为国民经济发展提供了大量的钢铁材料。其钢铁产品实物质量也日趋稳定,为下游用钢行业和国民经济的平稳发展提供了有效的支撑。与此同时,受我国钢铁行业整体状况的影响,河北省钢铁工业也面临着产能过剩矛盾愈发突出,创新发展能力不足,环境能源约束不断增强,企业经营持续困难等问题。在"十二五"期间,河北省粗钢产量由 2010 年的 1.44 亿吨增加到了 2015 年的 1.88 亿吨,增长迅速。并且,河北省钢铁行业在关键钢材品种的生产上取得了突破,以百万千瓦级核电用钢、超超临界火电机组用钢、高磁感取向硅钢、第三代高强汽车板、高性能海洋平台用钢等为代表的高端装备用钢实现了产业化。河北省的钢铁行业取得了良好的发展,同时也面对着产能过剩,创新发展能力不足,环境能源约束等问题。环境能源对钢铁行业发展的约束尤为明显。河北省钢铁行业装备水平参差不齐,节能环保投入历史欠账较多,不少企业还没有做到污染物全面稳定达标排放,节能环保设施有待进一步升级改造。吨钢能源消耗、污染物排放量虽逐年下降,但抵消不了因钢铁产量增长导致的能源消耗和污染物总量增加。京津冀地区的环境承载能力已达到极限,绿色可持续发展刻不容缓。

因此,在河北省钢铁行业的发展中,应该同样以化解过剩产能为核心,积极的实施去产能化,把智能制造作为发展重点,推进产业的转型升级;把兼并重组作为发展手段,深化区域布局的协调发展。强化钢铁企业自主创新的主体地位,完善产学研用协同创新体系,激发创新活力和创造力,以破解钢铁材料研发难题为突破点,全面引领行业转型升级。将降低能源消耗、减少污染物排放作为发展目标,全面实施节能减排升级改造,不断优化原燃料结构,大力发展循环经济,积极研发、推广全生命周期绿色钢材,构建钢铁制造与社会和谐发展新格局。以保证质量发展为先,强化企业质量主体责任,以提高产品实物质量稳定性、可靠性和耐久性为核心,加强质量提升管理技术应用,加大品牌培育力度,实现质量效益型转变。

河北省应该积极完成钢铁行业“十三五”发展目标,着重进行供给侧结构的改革,力争实现能源消耗和污染物排放全面稳定达标,实现能源消耗和污染物排放总量双下降,实现“十三五”期间钢铁行业的发展目标,具体情况如表 4-1 所示。

表 4-1 “十三五”钢铁工业调整升级主要指标

指标	2015 年	2020 年	“十三五”累计增加值
工业增加值增速(%)	5.4	6.0 左右	—
粗钢产能(亿吨)	11.3	10 以下	减少 1～1.5
产能利用率(%)	70	80	10 个百分点
能源消耗量	—	—	下降 10%以上
吨钢综合能耗(千克标煤)	572	≦ 560	降低 12 以上
吨钢耗新水量(立方米)	3.25	3.2	降低 0.05 以上
污染物排放量	—	—	下降 15%以上
吨钢二氧化硫排放量(千克)	0.85	≦ 0.68	降低 0.17 以上

总体来说,河北省钢铁行业发展势头良好,发展水平较高。受我国低碳发展政策的影响,钢铁行业生产不得不由原来的粗狂型生产向集约型生产转变。由于环保要求的提高,河北省钢铁行业污染物的排放标准越来越高,钢铁生产企业要想生存就要不断提高技术水平,加大环保投入。

4.3.2 河北省水泥行业煤耗分析

中国的水泥消费量与生产量排名均为世界第一,约占到全球总产量的一半以上。水泥能源消耗量约占全国消耗总量的 7%,是仅次于钢铁行业的能源消耗行业。结合近几年我国城镇化建设,全面建设小康社会的进程,我国水泥行业的产量正在逐年增加。根据国家统计局统计数据显示,在 2015 年,我国共生产水泥 235918.83 万吨,其中河北省共生产水泥 9126.17 万吨,约占全国水泥总产量的 3.87%。

在“十二五”期间，受市场需求拉动，我国水泥行业主营业务收入五年平均增速高达到 12.91%；利润五年平均增速约为 11.46%，使该行业一跃成为了建材行业的经济之首。并且针对该行业的投资规模持续保持高位，行业年产量逐年增加，新产品新应用不断涌现，企业实力明显增强。但是河北省受节能减排等因素的影响，其水泥产量在“十二五”期间，出现了明显的下降。据国家统计局数据显示，在 2010 年，河北省水泥产量为 1.27 亿吨，在 2015 年，河北省水泥产量降至 0.91 亿吨，产量降低明显。

我国经济发展虽然进入了新常态，但在“十三五”期间，水泥行业仍然有较好的发展机遇。从总量来看，市场对水泥的需求仍将保持在高位。目前，我国正处于工业化、信息化、城镇化和农业现代化同步推进的关键时期，水泥行业具有广阔的发展空间。现阶段我国依然处在大规模建设阶段，计划到 2020 年全国城镇化水平达到 60%。新型城镇化、建筑工业化和绿色建筑的持续发展，以及京津冀一体化、长江经济带建设、中原城市群建设、新一轮振兴东北等一大批国家区域发展战略的实施，将使未来五年市场对建材的需求继续保持高位，混凝土与水泥制品行业将直接受益。为提高城市综合承载能力，建设宜居城市，缓解日益加大的排洪排涝压力，以及各类市政管线敷设造成的浪费和安全隐患，国家将加快地下基础设施建设，这就使得城市基础设施的建设为水泥行业提供了新的发展空间。“一带一路”战略促进了水泥行业的国际化发展。随着“一带一路”战略的推动，我国与中亚及东南亚地区的国家经济合作将更加密切。未来我国将陆续推出基建、交通的互联互通及贸易投资的便利化等措施，这些国家的重大基础设施建设将拉动我国水泥等建材产业的国际化发展，为我国混凝土与水泥制品行业企业的国际化发展提供战略机遇。受行业整体发展机遇影响，河北省水泥行业产量也出现了一定的增长。根据国家统计局数据显示，2016 年，河北省水泥产量为 0.98 亿吨，比 2015 年有了明显的提高。

然而，在河北省水泥行业存在着产业结构不合理、产品质量良莠不齐、创新能力弱等问题。首先，河北省水泥生产企业众多，且大部分企业生产和资产规模小，产业集中度低，缺乏龙头企业。虽然行业发展较快，但大多数企业依然处在价值链低端，产品同质化现象严重，在产业链上下游中的议价能力居于弱势，在市场竞争中话语权不够。其次，总体上，行业生产技术和装备水平不高，行业技术创新积极性和动力不足，恶性竞争泛滥。低质量的产品埋下了许多工程隐患，对行业的健康发展产生了不利影响。最后，由于缺乏对产业布局和市场进入的有效监管与引导，造成了行业产能（特别是中低端产品产能）全面过剩，站点布局不合理，产能利用率低，行业效益低下。同时，由于行业比较分散，目前政府管理口径各不相同，特别是从生产到使用的管理归口多头，造成政府部门监管职能缺位或不到位，形成了产业政策缺失或政策难以惠及的盲区。

因此，针对该行业的现状，《混凝土与水泥制品行业“十三五”发展规划》提出的绿色、创新、效益的发展目标。结合我国水泥行业的发展现状与发展目标，中国水泥协会以现有水泥的质量标准、产业能耗水平、消费结构、国家的宏观经济政策和产业政策为前提，预测了我国水泥消费的峰值和峰值出现的时间，并针对相关产品，比如熟料、煤炭等，进行了消费分析。研究发现，水泥熟料消费峰值最有可能在2018—2020年出现，且最可能出现在2019年；水泥熟料消费峰值量预计在15.7亿～16.2亿吨左右，最可能峰值量为15.9亿吨；并且对水泥行业的煤炭消耗量也进行了预测，在2020年该行业的煤炭消耗量可能在18667万～19429万吨标准煤，最可能为19000万吨标准煤；在2030年该行业最可能的煤炭消耗量在12092万～12586万吨标准煤，最可能为12300万吨标准煤；而在2050年时该行业的煤炭消耗量在7680万～8640万吨标准煤，最可能为8200万吨标准煤（孔祥忠，2015）。水泥行业发展迅猛，其对煤炭的需求呈现出先增后减的趋势。根据预测，水泥行业用煤量，在2020年将会达到峰值，

2020 年以后，直到 2050 年都呈下降趋势。

4.3.3 河北省煤化工产业的发展分析

煤化工是指以煤为原料，经化学加工使煤转化为气体、液体和固体燃料以及化学品的过程。主要包括煤的气化、液化、干馏，以及焦油加工和电石乙炔化工等。经过化学加工的煤炭其排放与热值都得到了较大的改善，所以发展煤化工产业对减少二氧化碳和大气污染物的排放有着积极的推动作用。

近年来，河北省煤化工产业发展迅猛，各地政府发展煤化工产业的热情高涨，如邯郸峰峰矿区着力打造千万吨级绿色煤化工产业基地，石家庄井陉矿区煤化工产业着力承担起省会西部经济增长的引擎。目前，在河北省已经形成了唐山、邯—邢两大煤化工产业基地。冀中能源、开滦集团作为河北省煤化工产业的领军企业均已成功跻身世界 500 强企业之内。煤化工产业是石化产业的重要组成部分，在河北省已经具备了较好的发展基础。

从河北省实际来看，煤化工产业在河北省不仅具有广阔的市场远景，还拥有良好的资源优势、产业优势和技术优势。河北省煤资源丰富，煤种齐全，具有较雄厚的产业基础，是我国炼焦煤主要产地之一。在河北省煤炭开采集中度较高，冀中能源和开滦集团两大煤炭企业肩负着河北省最主要的煤矿开采任务。作为全国焦炭生产大省，河北省为煤化工发展提供了充足的原料，是煤化工产业链延伸的重要原料基础。在产业结构上，河北省的产业聚集度高且规模效应明显。目前，河北省已经建成邯郸峰峰—磁县、唐山京唐港—曹妃甸、石家庄井陉矿区、邢台旭阳—建滔等四大煤工循环产业园区。唐山开滦集团焦炭年产量每年已超千万吨，焦油深加工量接近百万吨，已然成为了煤化工产业的领军企业。邢台旭阳煤化工集团已成为全国煤化工行业中最大的民营企业。邯郸鑫宝集团的煤油深加工能力也已超过了上海宝钢化工，成为中国排名第一、世界排名第四的大型煤焦油深加工企业集团。由此可见,在河北,逐渐形成了“北有中润、中有旭阳、南有鑫宝”的煤化工产业发展格局。此外河北省还具有环渤海、绕京津、北靠内蒙煤都、西邻山西煤海的独特区位优势。河北省自北向南,具有秦皇岛、京唐港、曹妃甸港、黄骅港等大型煤炭下水港。再加上临近天津、青岛、日照等港口,使河北省的港口优势尤其突出。煤化工产品可以销往华东、华南、日韩等世界各国(宋继增,2013)。

河北省在产业发展上,主要存在着产能过剩、结构不合理等问题。为应对不断加强的环境保护政策,淘汰高污染高能耗产能产业的力度不断加大,保证经济持续中高速发展的现状,煤化工产业存在较好的发展前景。

钢铁行业、水泥行业以及煤化工行业的发展都受到我国经济发展水平、城镇化水平的影响。结合我国钢铁行业、水泥行业以及煤化工行业的行业结构技术水平,学者们对我国钢铁行业的发展情况和煤炭需求量进行了分析。研究发现,我国钢铁行业用煤需求自 2012 年以来已进入了峰值期,钢铁行业用煤在 2014 年达到 7.0 亿吨的峰值后将逐步下降。根据 GDP 增速高低两种情景假设,预测在 2020 年钢铁行业用煤需求将下降到 6.6 亿～6.7 亿吨,其中炼焦煤的需求量约为 4.5 亿～4.6 亿吨;2030 年钢铁行业用煤需求将下降到 4.8 亿～5.3 亿吨,其中炼焦煤的需求量约为 3.1 亿～3.4 亿吨。按钢铁行业炼焦煤占比 80%计算,2020 年和 2030 年全国炼焦煤需求量大约为 5.6 亿～5.8 亿吨和 3.9 亿～4.3 亿吨(陈德胜,2015)。结合河北省钢铁产量约占全国钢铁总产量 40%的情况,估计到 2020 年和 2030 年河北省钢铁行业煤炭需求量约为 2.64 亿～2.68 亿吨,其中炼焦煤的需求量约为 1.8 亿～1.84 亿吨。2030 年河北省的钢铁行业用煤需求量将下降到1.92亿～2.12 亿吨,其中炼焦煤的需求量约为 1.24 亿～1.36 亿吨。从以上分析结果可以看出,河北省的其他耗煤产业的煤炭需求量均呈现逐年下降的趋势,这些行业正在朝着低碳发展的方向不断改进。

4.4　京津冀地区环渤海煤炭港口运营分析

受地理环境的影响，我国煤炭资源在分布上十分的不均衡，在总体格局上呈现西多东少，北富南贫。煤炭资源和消费需求分布的不统一，就导致了我国“西煤东运”“北煤南运”的运输格局。这一运输格局就形成了我国煤炭运输的基本方向，对于国民经济发展具有积极的影响。

目前，我国主要有山西、陕西、内蒙古三个煤炭生产省区。这三个地区的煤炭在运输过程中主要形成了三条运输通道，即北通道、中通道和南通道。北通道主要包括大秦线、丰沙大线、朔黄线和新开通的蒙冀线，煤炭主要运往京津冀在内的华北地区；中通道主要包括石太铁路、邯长铁路，主要负责将山西省东部和中部的焦煤与无烟煤运送到华东地区、中南地区以及青岛港；南通道主要包括太焦铁路和侯月铁路，主要将陕北、晋中、神东等地区的焦煤、无烟煤运输到中南、华东地区以及日照港、连云港港。目前，在三条运输通道中最主要的运输通道是北通道。组成北通道的大秦线的主要的供给港口就是京津冀地区的秦皇岛港、京唐港、曹妃甸港；朔黄线的主要煤炭供给港口则是黄骅港。在2015年底实现通车的蒙冀铁路开辟了内蒙古与河北的重要铁路煤炭运输通道。蒙冀铁路的建成将内蒙古和河北的煤炭运输更加紧密的连接在了一起。

京津冀地区拥有重要的煤炭下水港，了解该地区煤炭下水港的发展，对明确该地区煤耗发展具有重要意义。近些年，由于煤炭消费格局的变化，通过中通道、南通道到达青岛港、日照港、连云港港的煤炭日趋减少，煤炭下水量在北方港口煤炭下水总量中的比重逐年减少。在2013年，秦皇岛港、唐山港、黄骅港在全国主要港口煤炭吞吐量统计中排名前三。在2017年，随着下游需求的转好，煤炭供应量的增加，沿海煤市供需双高。环渤海港口累计完成煤炭吞吐量6.77亿吨，同比增加8100万吨，增幅达13%，吞吐量创历史新高。由此可见，煤炭运输的北通道成为了我国下水煤炭的主要通道，北通道对应的环渤海地区的港口成为了我国煤炭运输的重要港口群。环渤海地区重要的煤炭下水港均位于北京、天津与河北地区。因此研究环渤海的煤炭下水港对研究京津冀地区的煤炭产业发展有重要的意义。本节分别对位于京津冀地区的重要煤炭下水港进行介绍，它们分别是秦皇岛港、唐山港、国投曹妃甸港、国投京唐港、天津港、神华天津港、神华黄骅港。

(1)秦皇岛港

秦皇岛港位于我国河北省东北部，当前是我国最大的能源输出港，同时也是我国重要的对外贸易综合性国际港口之一。秦皇岛港的煤炭输出量约占全国沿海煤炭输出总量的70%以上，在我国北煤南运和煤炭外贸出口中占有十分重要的位置。目前，秦皇岛港可以分为东港区和西港区两部分，东港区以运输煤炭、矿石为主，西港区以运输集装箱、散杂货为主。近年来，秦皇岛港凭借其丰富的运营经验，战略性地开展了跨地域的经营模式，在黄骅港区、曹妃甸港区都投资建立了散货码头和专业化煤炭码头。在2015年，由其投资的曹妃甸煤二期5000万吨专业煤炭码头开始投入运行。

秦皇岛港全港的年运输能力为2.23亿吨，煤炭是秦皇岛港最主要的运输货物。港口目前拥有煤炭专用泊位23个，煤炭堆场堆存能力高达955万吨，装卸设备先进。煤炭码头主要分为老煤区、煤一期、煤二期、煤三期、煤四期和煤五期码头，煤炭设计吞吐能力达到1.93亿吨，实际吞吐能力则超过了2亿吨。据统计，在2013年、2014年其分别完成实际煤炭吞吐量2.43亿吨、2.45亿吨。

然而，秦皇岛港也面临着诸多发展的挑战。在秦皇岛外部，随着国家发展模式的调整，经济发展进入新常态，企业用电量整体下降，煤炭使用量减少，同时煤炭产业供给侧改革、煤价低位徘徊，造成煤炭下水市场交易量下降；朔黄线开始对社会企业开放部分运力，造成了大秦线和朔黄线之间货源分配格局的变化，大量内蒙古煤炭货源从秦皇岛港流向黄骅港；同时，与大秦线配套的京唐港和曹妃甸港，也在和秦皇岛港争夺大秦线有限的煤炭运输资源，这进一步加剧了秦皇岛港煤炭吞吐量的下滑趋势。虽然在2015年秦皇岛港的煤炭吞吐量为2.20亿吨，但在2016年其煤炭的吞吐量就下降到了1.60亿吨。在秦皇岛港方面，秦皇岛港处于秦皇岛市区，西港区与主城区之间仅隔有一条铁路，煤炭等散货作业会带来一定的环境污染问题，因此港口发展与城市发展面临着矛盾冲突。早在2006年，秦皇岛市政府就提出了“西港东迁”的发展战略，但是由于近几年港口发展速度放缓，“西港东迁”的推进较为缓慢，港口发展受到了较大的空间限制；并且在自身经营方面，秦皇岛港与周边其他煤炭港口相比运营时间较长，企业人员较多，这就使得企业的包袱较重，运营成本比较高。其在内部运营上的短板也给未来的发展带来了较大的困难。

(2)唐山港

唐山港位于我国河北省唐山市的东南部，是我国沿海的地区性重要港口。唐山港是我国能源、原材料等大宗物资专业化运输系统的重要组成部分。唐山港的货种包括煤炭、矿石、原盐、粮食、化肥、水泥、设备、集装箱等十多大类、数十个货种，航线通达亚、欧、美等20多个国家和地区及国内90多个港口。唐山港自通航以来，依托唐山市的丰富自然资源和雄厚的工业基础，重点强化了煤炭、钢铁、矿石等优势货种的运输。并且，随着京唐港区36＃～40＃专业化煤炭泊位的投产运营，唐山港在煤炭运输方面的核心竞争力得到了全面的提升，作业效率大幅度提高，港口吞吐量得到了稳步的增长。

唐山港的煤炭业务主要由京唐港埠有限责任公司和唐山海港京唐港专业煤炭码头有限公司两个公司承担。京唐港煤炭港埠有限责任公司，拥有两个散货通用泊位和一个煤炭专用泊位，码头岸线长度为599米，泊位水深10米，乘潮最大可靠泊4.5万吨级船舶。但是其码头装卸设备相对老旧,仅拥有 8 台门机装船设备和 1 台最大效率为 1850 吨/小时的装船机,没有配备翻车机等专业卸车设备,集港煤炭列车则采用装载机或人工卸车的方式,作业效率较低,可接卸所有煤种和车型,目前主要接卸山西地区的杂型车。

唐山海港京唐港专业煤炭码头有限公司建成投产于 2015 年,主要运营 36#~40#泊位。同时具备煤炭上下水功能,码头岸线长约 712 米,2 个 15 万吨级煤炭卸船泊位,3 个 10 万吨级煤炭装船泊位,其中煤炭卸船码头长约 714 米,煤炭装船码头长约 978 米。并且该公司配备了先进的装卸设备,包括 2 台四翻翻车机,3 台装船机,设计吞吐能力约 5600 万吨,其中煤炭下水能力为 3600 万吨。2015 年该专业化煤炭泊位投产运营之后,唐山港大力度对其进行宣传营销,采用多种优惠措施来吸引客户,港口吞吐量迅速增加。该专业煤炭码头的建成投产,大大提高了唐山港煤炭运输的专业化程度,增大了唐山港煤炭运输的竞争力,为唐山港货物吞吐量的增长提供了重要的支撑。

(3)国投京唐港

国投京唐港与唐山港同处于京唐港区,运营方为国投中煤同煤京唐港口有限公司。国投京唐港位于唐山港京唐港区 32#~34#泊位。在 2007 年底投入运行的一期工程设计煤炭吞吐能力为 3000 万吨。国投京唐港堆场面积约为 54 万平方米,设计堆存煤炭能力约为 231 万吨,装卸设备均比较先进,主要装卸设备包括卸车效率为 7200 吨/小时的三翻式“O”型翻车机 2 台;堆料效率为 7200 吨/小时,取料效率为 6500 吨/小时的堆取料机 4 台、取料机 2 台;装船效率为 6500 吨/小时的移动伸缩式装船机 3 台。此外,国投京唐港还引入了一套筛分塔,可以在煤炭卸车时实行在线的筛分。2011 年,国投京唐港启动了扩建工程,在现有堆场不变的基础上,增加了 1 台双翻双定位翻车机、2 台堆取料机、1 台装船机以及配套的皮带机。扩建后,煤码头年设计吞吐能力在原有 3000 万吨的基础上,增加到了 4400 万吨。同时在 2013

年 5 月，码头结构加固改造工程顺利通过了交通运输部的验收，码头泊位升级为 3 个 10 万吨级散货泊位。

国投京唐港自运营以来，树立了以客户为中心的服务理念，通过精细化、标准化、信息化不断的改进经营管理，为客户提供了优质高效的服务，赢得了良好信誉，其吞吐量逐年提高，在 2010 年吞吐量就超过了 3000 万吨，在 2011 年吞吐量更是超过了 4000 万吨大关，在 2013－2015 年吞吐量始终保持在 5000 万吨以上。截至 2015 年年底，国投京唐港已累计完成煤炭吞吐量 3.2 亿吨，成为了北方重要的煤炭下水港。

(4)国投曹妃甸港

国投曹妃甸港位于唐山港曹妃甸港区，由国投曹妃甸港口有限公司运营。国投曹妃甸港与国投京唐港同属于国家开发投资公司下属的控股投资企业。国投曹妃甸港是国家发改委批准的“北煤南运”系统的配套项目，港区规划，国投曹妃甸短期内主要作为大秦线配套港口体系，而在中远期则主要作为蒙冀铁路配套港口。

国投曹妃甸港目前主要建成了一期起步工程和一期续建工程。在 2012 年 8 月，续建工程进入重载试运行过程，国投曹妃甸港总的设计吞吐能力为 1 亿吨，是国内最大的单体煤码头。续建工程的实施，不仅增强了码头的规模效应，还大大提高了国投曹妃甸港在煤炭下水港中的竞争力。国投曹妃甸港，堆场面积约为 72.95万平方米，设计堆存能力约为 400 万吨。设备配置十分先进，翻车机 5 台，其中包括 4 台国内规模最大、效率最高的四翻翻车机，在堆场中共有 5 台堆料机、6 台堆取料机和 12 台取料机；码头配有装船能力约为 6000 吨/小时的移动伸缩式装船机 8 台。

国投曹妃甸港自投入运营以来，不断加强市场的开发，吸引了大量的内蒙地区的货源，货运量不断增加，在 2013 年、2014 年分别完成货运量 7747 万吨和 7435 万吨。但进入 2015 年之后，由于煤炭市场变化，内蒙古地区大型煤炭客户下水煤炭量明显下降，而大秦线到曹妃甸运距的劣势，导致曹妃甸港下水煤大量减少。因此，在2015年曹妃甸港仅货运量完成4847万吨。蒙冀铁路开通后，呼和浩特铁路局加大了对蒙冀铁路的营销，出台了一系列的优惠政策，促进了部分内蒙地区货物向曹妃甸港方向的运输，对曹妃甸港的运输形成了利好局面，但是目前蒙冀铁路刚刚通车不久，货运量还相对不足，远远不能满足曹妃甸港的调入需求。由于目前大秦线煤炭运输量呈下降趋势，下游港口面临"僧多粥少"的局面，未来国投曹妃甸港的增量有很大可能取决于蒙冀铁路运量的进一步提升。

(5)天津港

天津港也是京津冀地区重要的煤炭下水港。目前，煤炭业务主要集中在天津港南部港口，其经营主体是神华天津煤炭码头和天津港华能煤炭码头有限公司。我们首先对天津港煤码头的发展情况进行讨论。

天津港煤码头设计的吞吐能力为4300万吨，拥有专业煤炭运输泊位4个，其中15万吨等级泊位2个，10万吨等级泊位1个，5万吨等级泊位1个。天津港码头岸线长度约为1110米，港区堆场面积约为26万平方米，设计堆存能力为约176万吨。主要的装卸设备有2台C型双翻翻车机，堆场配备有7台堆料机和取料机，码头还设置了4台装船机，设备的机械化和自动化程度均较高。

天津港煤码头的货源主要来自于陕西、内蒙等地。由于天津港煤码头缺少铁路煤炭运输专线，所以其货物集港主要通过公路运输的方式，汽运煤约占港区煤炭吞吐量的40%左右。由于铁路运输的限制问题，天津港煤码头的煤炭吞吐量一直呈波动趋势，在2010年到2013年期间，其年吞吐量仅为完成500万吨、4350万吨、3700万吨和2880万吨。自2014年，汽运价格下降，"三西"地区的煤炭通过公路运输运到天津港比铁路运输的成本每吨要低10～15元，所以在周边港口吞吐量下降的情况下，天津港逆势上涨，在2014年吞吐量达到3380万吨，在2015年其煤炭吞吐量更是增长到4202万吨。但随着环保治理力度的加大，后续汽运集港的方式可能受到较大影响。在汽运煤受到政策限制的情况下，预计无铁路专线支持的天津港煤炭货源调入组织难度将进一步加大，吞吐量可能发生较大的下滑。

(6)神华天津港

神华天津煤炭码头有限责任公司(以下简称神华天津港)于2004年4月成立，其主要负责天津港南疆港区13#～15#泊位的运输。其通过神华自有铁路与矿区相连，克服了天津港煤码头煤炭主要通过汽车集港的弊端，与黄骅港共同成为神华集团重要的煤炭下水港，是神华集团煤炭“矿、路、港、航、电”五位一体产业链的重要组成部分。

神华天津港主要通过铁路集港，其主要通过36公里的天津地方铁路和67.8公里的黄骅—万家码头铁路与朔黄铁路相接。神华天津港设计年吞吐能力为4500万吨，拥有煤炭运输泊位3个，其中7万吨的泊位2个，15万吨泊位1个。码头岸线长约890米，堆场面积约24.4万平方米，最大可堆存煤炭144万吨。其主要的机械设备有作业效率为4000吨/小时的双翻翻车机4台，作业效率为6000吨/小时的移动伸缩装船机3台，作业效率为4000吨/小时的堆料机4台。

在2013年，神华天津港吞吐量达到3341万吨，较2012年增加了287.7万吨，同比增长9.4%。自2014年以来，其年吞吐量始终保持在4000万吨以上。神华天津煤炭码头目前经营的主要为神华集团自有煤炭资源，市场煤较少，因此其功能定位主要是拓展神华集团自有煤炭下水通道。

(7)神华黄骅港

神华黄骅港位于河北省沧州市东部，距沧州市区约90公里，其运营主体为神华黄骅港务有限责任公司。神华黄骅港是神华集团“矿、路、港、航、电”产业链的重要环节，也是“西煤东运”第二条大通道朔黄铁路的主枢纽港。

目前，神华黄骅港分为一期、二期、三期、四期建设工程，其设计煤炭下水能力约为1.78亿吨，实际下水能力将超过2亿吨。

共有专业化煤炭运输泊位 17 个，堆场 77.4 万平方米，储煤筒仓 48 个，最大煤炭堆存能力约 340 万吨。神华黄骅港充分发挥了神华集团一体化优势，开港以来，吞吐量连年以千万吨增长跨越，累计完成煤炭下水超过了 9 亿吨。自 1997 年公司成立以来，神华黄骅港不断扩大港口规模，吞吐能力持续攀升。一、二期工程后，港口先后启动了三期工程和四期工程，三、四期工程设计吞吐能力均为 5000 万吨/年，三期、四期工程均采用了世界首创的大规模筒仓装卸工艺，在效率、环保方面有着特殊优势。

神华黄骅港始终坚持“新港新制、精简高效”的经营策略，人均劳动生产率始终处于国内领先水平，2013 年达到 15.5 万吨/人年。特别是三期、四期工程，公司员工仅增加了 160 人，运输能力则增加了 1 亿吨的产能。在神华集团的高效组织下，神华黄骅港充分发挥港口的枢纽作用，坚持向协同运营要效益，2012 年实现了煤炭装船量过亿吨，2013 年达到了 1.3 亿吨，2016 年更是突破 1.65 亿吨，超过秦皇岛港成为煤炭下水港口的第一港。吞吐量的攀升也带动了企业经营效益的迅猛增长，企业利润总额连续保持 40%以上的增幅。

京津冀地区的主要煤炭下水港均呈现出较好的发展势头，其基础设备配置不断提升，作业效率大幅度提高，煤炭吞吐量不断提高。京津冀地区的港口区位优势为该地区的发展提供了大量的煤炭资源。

本章通过对京津冀地区煤炭生产情况、耗煤产业的发展情况以及环渤海煤炭下水港口的分析，发现京津冀地区自身煤炭生产受限，受环境以及技术发展的要求，耗煤产业正在努力地向低碳方向发展，且根据预测其煤耗量会在 2020 年达到峰值，之后逐年减小。因此，要想进一步降低京津冀地区的碳排放，就需要从该地区的能源结构入手，大力发展新能源，降低煤炭消耗量。

第5章 风力发电发展分析

风能作为一种清洁的可再生能源，越来越受到世界各国的重视。风能的蕴量巨大，全球风能蕴量约为 2.74×10^9 MW，其中可利用的风能为 2×10^7 MW，比地球上可开发利用的水能总量还要大10倍。我国风能资源丰富，可开发利用的风能储量约10亿千瓦，其中，陆地上风能储量约2.53亿千瓦（陆地上离地10米高度资料计算），海上可开发和利用的风能储量约7.5亿千瓦，共计10亿千瓦。因此，风能在我国具有天然的优势。我国是风能富集国家，在可再生能源中，风能具有较大的开发潜力。本章首先详细描述了我国风电发展现状，重点介绍了京津冀地区的风电发展情况；梳理我国风电发展的相关政策法律法规，最后对现阶段我国风电发展存在的问题进行分析。

5.1 发展现状与趋势

5.1.1 我国风电发展现状

上世纪80年代中期，我国才开始进行风电的发展。直到1990年，我国仅建成风电发电厂4个，安装风电机组32台，最大单机容量仅为200千瓦，总装机容量约4200千瓦，年装机容量仅840千瓦。到2004年年底，全国的风力发电装机容量约76.4万千瓦，整体发展较为缓慢。直到相关的法律法规及相关激励政策的颁布，我国的风电发展规模才取得了跨越式成效，尤其是2006年《可再生能源法》颁布并实施以来，我国风电年装机容量迅速增长，连续几年居于世界领先水平。

海上风电的发展，在我国大致经历了三个阶段：第一阶段是技术引进阶段，在该阶段进行了海上风力发电试点项目，启动了东海大桥海上风电试点项目；第二阶段海上风电规划阶段，从2009年开始进行，在该阶段海上风电的发展主要采用特许权招标方式；第三阶段则是从2010年开始的，国家能源局成立了能源行业风电技术标准委员会，加强了对海上风电的规范化和标准化管理，从实施规模方面对海上风电的发展进行了探索。经过近些年的积极探索和实践，我国海上风电正向大规模开发转变。2008年至2015年，我国海上风电累计装机容量由1.5MW增至1014.68MW，实现了突破性的转变。

近十多年来，我国风电装机容量迅猛增长。在“十二五”期间，我国风电新增装机容量连续五年领跑全球，新增装机累计高达9800万千瓦，占同时期全国新增装机总量的18%，在电源结构中的比重逐年提高。中东部和南方地区的风电开发建设也取得了积极成效。到2015年底，全国风电并网装机达到1.29亿千瓦，年发电量1863亿千瓦时，占全国总发电量的3.3%，比2010年提高了2.1个百分点。风电已成为我国继煤电、水电之后的第三大电源。（资料来源：风电十三五规划）

（1）风电装机的区域分布情况

现将我国分为六个区域。截止到2015年末，我国六大区域的风电装机容量合计为145364.5MW，其中，华北、西北、华东、东北、西南、中南分别为44764MW、40405MW、20738MW、18998MW、10593.5MW和9866MW。从以上数据可以看出，我国的风电主要分布在以新疆、甘肃、青海、宁夏、陕西为主的西北地区和以北京、天津、河北、山西、内蒙古为主的华北地区。

从单个省（市）装机量来看，内蒙古、新疆、甘肃、河北、山东分别为我国风电累计装机容量前五名，装机量分别为25669MW、

16251MW、12629MW、11030MW、9560MW，以上5地区的累计装机容量约占全国装机容量的51.69%。

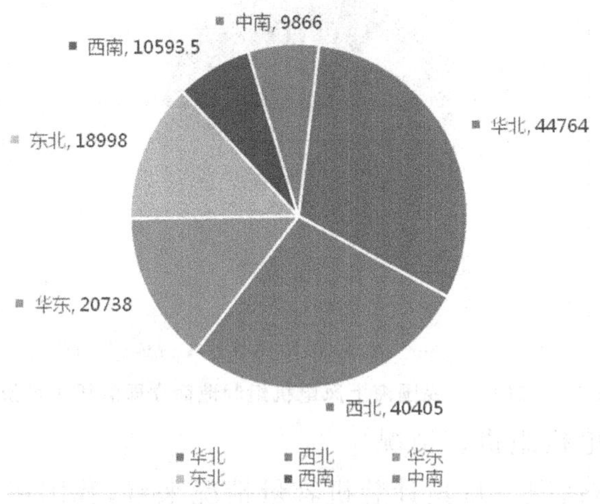

图5-1 各地区装机容量图

(2)风电机组制造商情况

我国主要的整机制造厂商包括金风科技、华锐风电、联合动力、东方电气等十几家厂商，风电市场的整体集中度比较高。截至2015年年底，前十五名整机制造商累计装机容量约12888万千瓦，市场份额合计高达88.66%①。

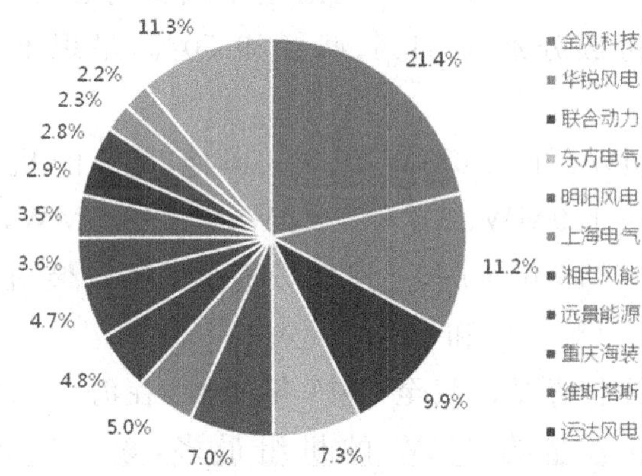

图5-2 2015年我国风电制造企业累计装机市场份额

在海上风电方面，整机制造商数量更少，主要包括上海电气、华锐风电、远景能源、金风科技、湘电风能、联合动力等少数几家厂商。截至2015年年末，上述几家厂商累计装机容量占比合计高达 96.20%[①]。

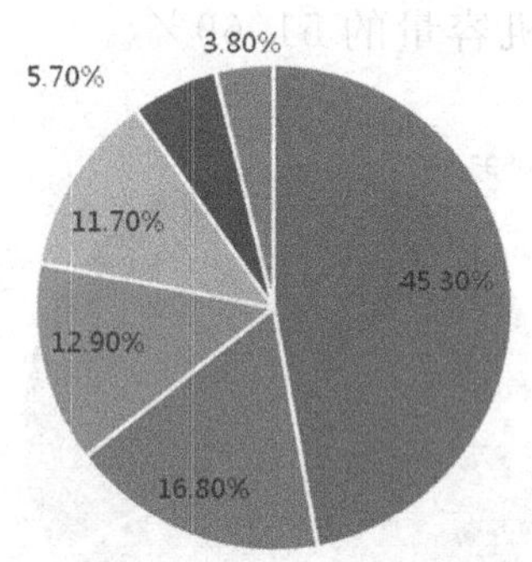

图 5-3 2015 年我国海上风电机组制造商立即装机市场份额

(3)风电机组机型情况

①整体情况。从累计装机容量情况来看,我国风电机组的型号主要包括 1.5MW 和 2.0MW 两种型号。截止到 2015 年底,1.5MW和 2.0MW 机组分别占我国累计风电装机市场份额的 56%和 28%,总计占到 84%。但是,从新增装机容量来看 2.0MW 的增长速度已经超过了 1.5MW 的机组成为了最主要的装机型号。在 2013 年、2014 年和 2015 年,1.5MW 机组的市场份额分别为 51%、46%和 34%,呈现出逐年减少的态势。而 2.0MW 的机组市场份额分别为 31%、41%和 50%,呈现出逐年增加的趋势[①]。

除 1.5MW 和 2.0MW 以外,其他型号的机组,如小于 1.5MW、1.6～1.9MW、2.1～2.5MW、大于 2.5MW,其市场份额均较小,截至 2015 年年底,上述型号机组的累计装机容量市场份额分别为 8%、1%、5%和 2%。

②海上风电情况。截至 2015 年年底,在海上风电机组累计装机中,单机容量为 4MW 的机组最多,累计装机容量达到 352MW,占海上风电装机总容量的 34.69%左右,排名第二的是 2.5MW 的机组,其装机容量占到 18.48%左右,3MW 的机组装机容量占比约为 17.74%,其余不同功率风电机组装机容量占比均没有超过 10%。

(4)风电的消纳情况

受风力资源分布的影响,我国风电开发具有明显的区域性。截至 2015 年末,内蒙古、新疆、甘肃、河北、吉林五省的风电累计装机容量占全国风电总装机容量的 48.83%左右。然而,上述五省的经济不够发达,用电需求相对较低,当地对风电的消纳能力相对不足。这就需要进行跨省区的电力运输和调配,由于电网建设和风电开发并不同步。因此,随着风电场大规模的扩张,并网瓶颈和市场消纳问题就开始凸显出来,致使弃风现象越来越严重。在 2012 年至 2015 年期间,上述五省的弃风电量占全国总弃风电量的比例分别为(88.23%、88.07%、77.41%和 85.55%)。

风电已经成为我国新增电力装机的重要组成部分,工业技术水平显著提高,产业管理和政策体系逐步完善。总的来说,风电的发展已经在我国取得了很大的进步。但随着风电应用规模的不断扩大,风电发展也面临现有电力运行管理机制与大规模风电并网需要不协调、风电发展经济性较差、政策和市场环境制约风电的进一步发展等一系列问题。

5.1.2 京津冀地区风电发展现状

京津冀地区是我国风电发展的重要基地,尤其是河北省的张家口、承德坝上地区和沿海秦皇岛、唐山、沧州地区风力资源丰富,年平均风速超过 5m/s。在政策的作用下京津冀地区的风电也取得了较大的发展。就装机容量来看,京津冀地区 2007 年风电总装机仅为 41 万千瓦,到 2014 年就剧增达到了 1007 万千瓦,同时风电的利用小时数也有了大幅度的提高。京津冀地区的装机变化情况具体如图 5-4 所示。通过曲线的变化趋势,可以明显地看出风电在该地区发展势头迅猛。

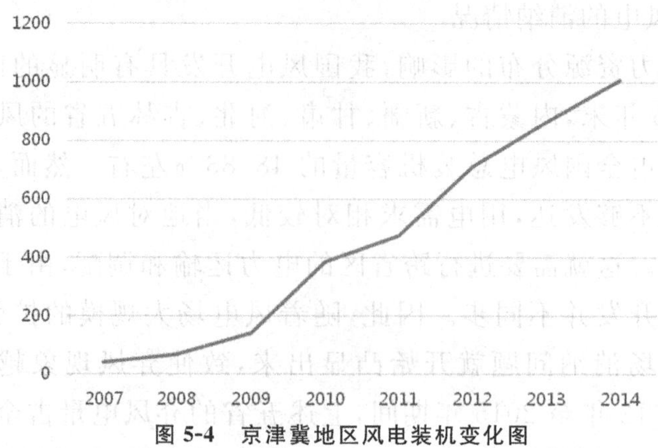

图 5-4 京津冀地区风电装机变化图

(1)河北省风电资源情况及发展状况

河北省是我国风能资源最丰富的省份之一。河北省的风能主要分布在张家口、承德坝上地区、秦皇岛、唐山、沧州沿海地区以及太行山和燕山的山区,并且张家口坝上地区和唐山、沧州沿海地区为我国百万千瓦级风电基地。在河北省,风速在冬春季节最大,秋季次之,夏季最小,风向在冬夏有明显的季节转换,根据区域的不同其主导风向有一定的差异。

根据测算,在 70 米高度上,≥200W/m^2 标准(风能资源可利用区)的技术开发量为 7567 万千瓦,技术开发面积达 21252km^2;≥300W/m^2 标准(风能资源丰富区)的技术开发量为 4188 万千瓦,技术开发面积达 11870km^2;≥400W/m^2 以上的技术开发量为 1198 万千瓦,技术开发面积达 3466km^2[②]。

在 70 米高度上,装机密度系数在 1MW/km^2 以上的区域主要集中在张家口、承德,秦皇岛、唐山和沧州沿海地区以及太行山部分区域。其中,装机密度系数超过 3MW/km^2 的区域主要集中在北部高原、怀来水库附近和东部沿海一带。东部沿海和怀来官厅水库附近装机密度系数超过 4MW/km^2,是河北省装机密度系数最大的区域。此外,河北南部的邯郸西部太行山山前丘陵区,也存在装机密度系数在 4MW/km^2 以上的小块区域[②]。

在地方风电补贴政策方面,河北省本省没有出台自己的补贴政策,按照国家风电上网标杆电价执行风电上网电价。截至 2014

年，河北省的风电装机容量已经达到了1007万千瓦。根据河北省千万千瓦级风电规划要求，到2020年该省陆上风电装机计划达到1643万千瓦，其中张家口市装机目标是1170万千瓦，承德市装机目标为643万千瓦，其新增陆上装机主要集中在张家口和承德两市。

(2)北京市风电资源情况及发展状况

北京市风能资源主要集中在包括门头沟区西北部、昌平区西部、房山区北部以及延庆西北部等海拔高度在1000米以上的山区，年平均风速大于6.0m/s。这些地区是北京盛行的西北气流的必经之地，并且这些区域本身海拔又高，因而风速更大。因此，相对应的风功率密度高值区也在这些风速较大的地方，年平均风功率密度可达到300W/m^{2}以上。另外，在怀柔、密云部分山区也有一定的风力资源。北京市的风资源受季节影响显著，具有冬春季丰富、秋季次之、夏季最小的变化特征。

在北京地区70米高度，≥200W/m^{2}的区域，技术开发量为890MW，技术开发面积277km^2；≥250W/m^{2}的区域，技术开发量为620MW，技术开发面积175km^2；≥300W/m^{2}的区域，技术开发量为500MW，技术开发面积139km^2；≥400W/m^{2}的区域，技术开发量为40MW，技术开发面积为15km^2[③]。

总体来说，北京地区风力资源丰富的区域分布比较分散，分布在高海拔地区与山口、河谷狭管效应比较明显的地区。从风资源量与分布情况来看，北京市风力发电宜采用小规模、分布式的开发方式。

北京地区风电年利用小时数在1700～2300小时，弃风问题较小。大多数年份风电利用小时数在2000小时以上，但在2014年，因为气候影响造成利用小时数较低出现了降低。(据中国气象局分析，2014年我国风能较2013年降低8%～12%)。

根据以上分析，北京市风资源整体较弱，且大多在山地区域，资源分布不均，地域变化及年际变化较大，因此，在进行风电项目建设时，应根据不同项目进行具体分析，做好风电项目建设的选址、评价和分析工作。

(3)天津市风力资源及发展现状

天津市风能资源分布呈现从沿海向内陆地区递减的变化趋势,风速大小随离地面高度增加而增加。在一年中,风能资源也呈现出春季最大、冬季次之、夏季最小的变化情况。

从地区来看,天津滨海新区风能资源较好,70 米高度平均风速在 5.5～6.1m/s,平均风功率密度为 194.5～251.4W/m^2。天津市风能资源的技术可开发地区均于该区域内,≥200W/m^2 的技术可开发量为 91 万千瓦,技术可开发面积为 209km^2,可装机密度系数达 4～5MW/km^{2}④。

与东部滨海近岸地区相比,天津市南部地区风速较小,风能资源性较差,加上居民区及耕地的影响,风能资源的开发性较差。

在 2014 年 1—9 月,天津地区新增并网风电装机 5.7 万千瓦,累计并网风电装机 28.55 万千瓦。天津地区风电年利用小时数在 1700～2400 小时,弃风问题较小。

综上分析,天津地区风力资源主要集中在滨海新区沿海一带,因临海地区需要考虑石油开采、养殖等因素,因此,风电项目建设需要具体分析项目的可行性,做好项目前期的选址、评价和分析工作。

5.2 相关政策分析

为促进我国风电的发展,政府主要从法律法规方面、上网电价以及财务与税收的补贴方面对风电发展进行促进。本节将从这三个方面对风电的促进政策进行梳理,明确风电发展的动力来源。

5.2.1 法律法规与规划方面

最早的风电发展促进政策是由原电力工业部在1995年颁布的《风力发电场并网运行管理规定(试行)》,该规定要求电网公司应允许风电场就近上网,电网全额收购风电场上网电量,并对高于电网平均电价部分实行全网分摊的鼓励政策。

然而,在之后的十年间并没有新政策出台,直到2005年2月28日,政府通过了《可再生能源法》,紧接着又出台了《促进风电产业发展实施意见》《可再生能源中长期发展规划》《电网企业全额收购可再生能源电量监管办法》和《可再生能源十一五规划》。在这些政策的促进下,风电行业在我国开始快速的发展。

2008年8月,财政部颁布了《风力发电设备产业化专项资金管理暂行办法》,该文件规定对满足政府支持条件的风电设备生产制造企业生产的前50台风电机组,中央财政将按600元/千瓦的标准予以补贴,这一补助相当于当时风电机组制造成本的10%,这一政策大大提高了风电设备制造企业的利润,刺激了风电设备制造业的发展。

2012年,国务院出台了《"十二五"国家战略性新兴产业发展规划》。2013年,国家能源局多次发布通知,要求有关部门引导和完善区域风电消纳能力监管。

2014年5月,国家发展与改革委、国家能源局和国家环保部联合制定并印发了《能源行业加强大气污染防治工作方案》,指出了建设12条电力外输通道的规划,明确提出到2015年非化石能源消费比重要提高到11.4%的目标以及2015年、2017年全国风电装机容量分别达到100GW和150GW的目标。

2014年9月,国家能源局又发布相关通知,要求加强风电行业监测认证,规范设备质量验收工作,构建合理的招标采购市场以及加强风电设备市场的信息披露和监管。

在上述上网政策风电项目装机目标的促进下,我国风电行业在生产、并网、安装方面取得了快速的发展。

5.2.2 风电财税与电价政策

(1)风电财税方面

2007年初,国家四部委联合发布了《关于落实国务院加快振兴装备制造业的若干意见有关进口税收政策的通知》,该法案明确提出支持1.2MW以上的风电机组的开发,对我国1.2MW型号的机组发展,起到了极大的促进作用。

在2008年,又发布了《关于公布公共基础设施项目企业所得税优惠目录(2008年版)的通知》,该通知指出,风电企业享受所得税三年免收三年减半的优惠政策;同年还发布了《关于资源综合利用及其他产品增值税政策的通知》,该通知指出,对利用风力生产的电量增值税实行即征即退50%的政策,极大地刺激了风电企业的生产积极性。

2013年,财政部发布了《关于调整可再生能源电价附加征收标准的通知》,明确可再生能源的附加征收标准由原来的0.8分/千瓦时提高至1.5分/千瓦时。

以上政策,整体来说,对于风电行业的发展都有利好作用,国家通过税收政策对风电行业的发展进行了促进。

(2)风电电价方面

我国在2006年1月,颁布并实行了《可再生能源发电价格和费用分摊管理试行办法》,提出了风电上网电价实行政府指导定价的方法,电力价格通过招标形成价格确定,电价超出标准价格的差额部分,在全国省级以上电网销售点通过征收可再生能源附加来共同承担。

在2008年3月,国家发改委和国家电力监管委员会联合发布了《关于2006年度可再生能源电价补贴和配额交易方案的通知》,对2006年度可再生能源电价的附加金额、风电项目以及电量等提出了补贴方案。

2009 年 7 月，政府又出台了《关于完善风力发电上网电价政策的通知》，文件规定，将全国按照风能资源的具体分布情况及项目实施条件，分为四个不同等级的区域，每个区域制定相应的风电标杆上网电价，且其价格从 I 类资源区到 IV 类资源区依次递增。

2010 年 10 月，国务院发布了《关于加快培育和发展战略性新兴产业的决定》，首次提出了新能源配额制实施观点，并将新能源电力保障性全额收购政策落实到实处。从此，配额制开始进入我国风电定价政策的范围。

2013 年，国家发改委发布了《关于海上风电上网电价政策的通知》，明确 2017 年以前投运的近海风电项目含税上网电价为 0.85元/千瓦时，潮间带风电项目含税上网电价为 0.75 元/千瓦时。2014 年 9 月，国家发改委价格司下发了调整风电上网电价的征求意见稿，并开会征求各方意见。

2015 年 10 月，国家发改委发布了《关于完善陆上风电、光伏发电上网标杆电价政策的通知》，对陆上风电上网电价进行调整，要求在 2016 年到 2020 年，风电电价每年逐渐降低，一类资源区的电价分别调整为 0.47、0.45、0.43、0.41 和 0.38 元/千瓦时，二类资源区电价为 0.49、0.47、0.45、0.43 和 0.4 元/千瓦时，三类资源区为0.54、0.52、0.5、0.48 和 0.45 元/千瓦时，四类资源区为 0.59、0.58、0.57、0.56 和 0.52 元/千瓦时。

按照时间的先后顺序对我国风电发展政策进行梳理，我们发现政府越来越重视风电的发展，对风电产业的扶持与促进力度也在逐渐加大。总的来说，政府发布的相关法律、法规、发展规划以及各项财税与电价政策对我国风电产业的繁荣与发展起到了强有力的支持，对我国风电产业创新能力的提升和产业体系的建立具有重要的意义。我国风电新增装机容量和累计装机容量占全球的份额大幅的提升，国家产业政策功不可没。另一方面，国家产业政策和项目审批也起到了互相调节的作用。例如，在 2011 年，主管部门收紧了风电项目的审批，使风电产业降温；在 2013

年,主管部门又将企业投资风电场项目核准权和电力业务许可证核发权下放至地方,放松了对风电项目的审批,又让风电产业适度回暖。所以说在风电的发展中政府的法律法规以及财税政策起着至关重要的作用。

5.3 我国风电产业发展存在的问题

5.3.1 风电资源普查滞后

风能资源普查是确定我国风能资源的分布,制定我国风电发展规划和市场价格的重要基础,同时这也关系到我国整体电网的新能源入网规划。国外发达国家很早之前就已经对其国家的风能资源进行了详细的普查,对本国风能的详细分布、各个地区的风电开发规模、开发成本等情况做了详细的评估,建立了包含电网电量、地理位置和环境影响下的风电资源数据库。在风资源普查中最具有代表性的就是美国和德国,这两个国家的资源图谱达到了 100 米格距,相比较来说我国在风电资源普查中则是非常落后的。我国通常是在开发前期才开始对待开发地区的风力资源情况进行详细的评估,因此普查数据都是针对即将要开发的地区,缺乏全局性,直到 2008 年我国才对风电资源进行全国性的评估,并且一般只是在 3000 米以外的格距进行,数据精度远远不够,存在相当大的误差,实用价值非常小,导致各科研机构都无法获取我国准确的风电资源数据,难以对其进行相关的研究。

5.3.2 市场价格制度和税收制度不完善

由于我国风电发展起步较晚,风电价格和税收相关制度建设还不完善,虽然后期出台了一些政策措施,实现了招标电价制度,对风电企业实行相关税收的免征和减征。但是从实际情况看来，风力发电政策与水电政策在价格和国家税收实惠上相比并没有半点优势。风电企业利润薄弱，甚至亏损，许多风电企业和风电场都是依靠国家财政补助来勉强维持运营。这就导致我国风电相关产业容易进入资不抵债的恶性循环，不能满足企业日益发展和基本的企业运营维护的需要，最终走向破产。

5.3.3 风电设备核心技术落后

由于我国风电发展起步较晚，技术研发基础较为薄弱，使得我国风电企业核心技术一直受制于国外风电企业，加上国外风电企业专利保护意识较强，因此现阶段我国风电技术处于"自主模仿"与"自主创新"之间。虽然，我国有部分领头企业掌握了制造风电设备的高端技术，例如在风电机组制造方面，我国大型风电企业如华锐、金风、联合动力已经研制出了6MW的风机，但国外巨头风电设备制造企业维斯塔斯已经在研制10MW的风机，我国陆上风电主流机型为1.5MW和2MW，而国外陆上风电主流机型早已达到3MW，我国风电设备技术的研发脚步始终落后于全球大型风电企业。而且，我国风电产业中较大部分企业的技术创新手段仍采取引进及模仿，自主创新能力较低，这就导致了我国风电产业技术同质化竞争严重，产业整体技术水平有待进一步提高。

风电产业是技术密集型产业，要求有较高水平的专业技术人才，由于种种原因，我国风电专业人才专业技能水平普遍较低，并且我国也没有高水平的国家级风电设备研发中心，造成"产—学—研"一体化研发体系没有发挥实际的功效。在与国外进行新设备的联合研制时，我方人员很难接触到真正的核心技术，种种原因造成了我国还没有掌握风电整机总体设计核心技术方法的研发队伍。

5.3.4 风电设备制造企业成本较高

风电产业的快速发展，使得处于风电产业链上游的风电设备制造业成长为我国少数具有国际竞争力的高新技术产业。然而由于近年来风电产业发展速度放缓，上游的风电设备制造环节竞争日渐激烈，部分企业为获得市场份额采取低价竞争的方法，不计成本的承诺扩大服务范围，在压缩自身利润空间的同时也降低了其承担风险的能力。由于产业波动造成的利润空间的压缩全部由设备制造环节承担，这就导致处于产业链最上游的制造业成为了产业链中最弱势的部分，严重影响了设备制造企业盈利水平和风险承担能力，为国产风电机组的长期质量保障埋下了隐患，严重制约了我国风电产业技术水平和研发能力的进步。从2009年起，我国风电设备价格持续走低，虽然近两年有小幅度回升，但整体仍呈下降趋势。由于设备价格下降的空间被施工成本提高、资源区间下移等因素抵消，所以设备价格的降低并未给风电开发商带来更大的利润空间。而且并网消纳、弃风限电问题严峻、收益大幅缩水等因素也严重影响风电项目的盈利能力。除此之外，2014年政府下调风电上网电价，进一步打击了各方发展风电的积极性。虽然国家已经在2013年上调了可再生能源附加的额度，但是之前因补贴拖欠时间较长，上下游大量资金拖欠，风电产业债务沉重，短时间内不可能实现完全的解决，我国风电制造企业利润水平低下，且将会持续一段时间。

5.3.5 风电并网消纳、弃风限电问题严重

大规模风电的消纳问题一直都是世界性的难题，与国外相比，我国的风电消纳问题则更为突出，并网消纳、弃风限电问题已经严重制约了我国风电产业的健康发展。这也就导致了我国风

电产业的其他问题的产生。我国于2010年开始明显的出现弃风限电趋势，并且随着风电的快速发展，弃风问题越来越严重，到2011年底，弃风电量首次超过100亿千瓦时，在2012年，弃风电量则超过了200亿千瓦时。2013年以来，在国家能源局、电网公司和风电企业的共同努力下，全国弃风限电形势有所好转，但2014年弃风限电量仍然高达123亿千瓦时，部分地区的弃风情况更为严重，如东北地区弃风率已高达20%。

总的来说，在我国导致弃风问题的主要原因有以下几点：①区域限制，我国的风能资源和风电开发主要集中在“三北地区”，这些地区远离负荷中心，风电难以就地消纳；②基础设施建设不足，风电项目建设速度超出本地区电力消纳的增长速度，风电在本地区不能进行有效的消纳，同时电网的输配电一体化设施不齐全，风电并网规模超出电网外送能力；③风电项目自身影响，风电出力具有随机性、波动性的特点，风功率预测精度较低，风电达到一定规模后，如果不提高系统备用水平，调度运行很难做到不弃风；并且风电多具有反调峰特性，夜晚用电负荷处于低谷时段，风电发电出力往往较大，即使常规电源降低出力，当风电规模达到一定程度时(大于低谷用电负荷)，也难免出现限电弃风；④配套工程建设工期不匹配，风电项目建设周期短，通常首台机组建设周期仅需6个月，全部建成也只需要1年左右的时间；而电网工程建设周期长，输电线路需要跨地区，协调工作难度大。在我国，220千伏输电工程合理工期需要1年左右，而750千伏输电工程合理工期则需要2年左右，这就造成了我国严重的风电消纳问题。

京津冀地区是我国重要的风电发展基地，风力发电在该地区取得了一定的发展成果，成为了主要的发电形式。虽然从我国风电整体发展情况来看存在着一定的弃风问题，但是在该地区，弃风问题相对较小。受该地区资源分布和低碳发展的影响，风力发电在该地区具有良好的发展前景。

注:本章数据及资料的主要来源如下:

①资料来源:http://www.chyxx.com/industry/201703/502769.html。

②资料来源:http://news.bjx.com.cn/html/20180323/887314.shtml。

③资料来源:http://news.bjx.com.cn/html/20150212/590273.shtml。

④资料来源:http://news.bjx.com.cn/html/20150206/588498.shtml。

第6章 光伏发电发展分析

6.1 国内光伏发电发展现状

能源与环境问题是制约世界经济和社会可持续发展的关键问题。自工业革命以来,石油、天然气和煤炭等化石能源的消费与日俱增,生态环境保护压力日趋增大,迫使世界各国必须认真考虑并采取有效的应对措施。节能减排、绿色发展、开发利用各种可再生能源已成为世界各国的发展战略。在此背景下,光伏发电产业应运而生,如果不考虑光伏发电装置在生产过程中造成的污染,其可以认为是一种零污染的发电方式。而且太阳能是取之不尽用之不竭的能源,所以大力发展光伏发电产业将成为今后的趋势。

我国经济的高速发展离不开煤炭和石油等化石燃料的支撑,然而这些化石燃料在为经济发展提供有力支撑的同时也造成了大量的二氧化碳排放。为履行在国际上的节能减排目标,减少对环境的破坏,我国需要在保持经济持续、稳定、健康发展的基础上,不断地降低对化石燃料的依赖,开发和利用清洁能源,促进经济发展转型。以太阳能综合开发利用为主的光伏产业发展潜力巨大,有望成为解决这一问题的突破口。

欧盟联合研究中心(JRC)预测,到2030年可再生能源在总能源结构中将占到30%以上,太阳能光伏发电在世界总电力供应中达到10%以上;2040年可再生能源在总能源结构中占50%以上,太阳能光伏发电在世界总电力供应中达20%以上；到21世纪末可再生能源在总能源结构中占到80%以上，太阳能光伏发电在世界总电力供应中达到60%以上。我国光伏产业虽发展起步较晚，但十年来发展速度很快，其发展历程大致可以划分为三个阶段（马庆强，2016）。

（1）2005—2008年的快速发展阶段

从2005年开始我国光伏产业进入了快速发展阶段。在此之前，光伏产业规模小企业少，只有少数几家生产晶体硅太阳能电池的企业，总生产能力不过2MW。得益于该时期欧洲市场对光伏产品呈现出的巨大市场需求，全球光伏产品的生产能力供应不足，我国光伏产业快速发展。其中高纯多晶硅产品的价格上升幅度大，2008年国际金融危机爆发前，该产品价格不断攀升，甚至由之前的每公斤80美元升至300美元以上。

（2）2009—2011年的爆发式发展阶段

国际金融危机爆发使得2009年初我国光伏产业受到重大的打击，各个光伏企业产量急剧下滑。但由于欧洲各国对光伏产业的扶持补贴标准未变，客户发电设备的安装意愿依然较强，只是金融机构因金融危机的冲击无力对光伏电站建设提供资金支持。在上一阶段快速发展积聚的产能和市场波动双重因素的作用下，光伏产品价格大幅度下降，太阳能电池组件价格由前期的每瓦30元人民币下降到15元。但是欧洲各国的产业扶持补贴政策并未因成本的下降而相应调整，使得光伏发电设备中间商及安装者获得了巨大利润，从而使光伏产业迅速恢复，2009年全球光伏电池组出货量达到12.464GW，同比增长58%。我国光伏产业也逆势爆发增长，据统计，截至2012年10月，我国几乎所有省级行政区域都把光伏产业列为优先扶持发展的新兴产业，全国600个城市中，有300多个发展了光伏产业，100多个建立了光伏产业基地。

（3）2012年至今陷入发展的困境

2011年10月，由美国SOLAR WORD等公司组成的美国太阳能制造联盟（CASM）将我国太阳能光伏生产企业控告至美国国际贸易委员会，指责我国太阳能产业存在倾销和不当补贴行为，对美国相关产业造成了实质性的冲击，要求对我国光伏产业开展“双反”调查。随后，欧盟也于 2012 年 9 月开始对我国光伏产业进行了“双反”调查。最终，双方以价格承诺的方式得以暂时化解。但就工业和信息化部调查数据显示，2013 年上半年我国光伏企业整体开工率不足 60%，同年 3 月 20 日，我国大型光伏制造企业无锡尚德集团宣布破产重组。两年后，2014 年 1 月 23 日，美国商务部再次发起了对我国光伏产业的双反调查。与之前不同，此次调查对象范围更加广泛，包括所有在大陆生产的组建，其中也涵盖来自台湾地区和其他市场的由大陆组装的光伏产品。此举也切断了我国从第三方市场迂回进入美国市场的通道。2015 年 12 月 5 日，欧盟委员会延长了本应于 2015 年 12 月 7 日截止的对中国进口太阳能产品征收的“双反”税率。欧美的“双反”调查，严重影响了我国光伏产品的出口，增加了相关企业库存压力，对我国光伏产业发展造成了严重影响。

6.1.1 国内光伏产业链发展现状

2013 年以来，随着新一轮能源变革兴起，发展光伏发电等新能源成为我国推进能源生产和消费革命、推动能源转型的重要措施。自 2013 年至今的五年中，我国光伏的综合实力显著增强，多项规模指标已居世界首位。光伏产业的快速发展为我国能源结构调整作出重要贡献，现已成为引领能源转型变革的重要力量，光伏发电累计装机规模全球第一。2013—2015 年，年均新增光伏发电装机容量 1000 万千瓦左右，到 2015 年总装机容量达到 3500 万千瓦以上。而且各相关部门为加快光伏产业链的发展，纷纷出台了多项配套政策措施。2013 年，接二连三出台的扶持光伏发展政策，令人目不暇接，国内光伏市场的巨大发展潜力因此被激活，中国光伏产业重新崛起的大幕由此拉开。在一系列有利政策措施的带动下，2013 年以来，我国光伏产业实现了跨越式大发展。

统计数据显示，自2013年起，我国光伏发电连续3年新增装机容量超过1000万千瓦，位居世界首位；2015年，我国光伏新增装机容量1513万千瓦，占全球新增装机的四分之一以上；2017年我国新增光伏装机5306万千瓦。截至2017年底，我国光伏累计装机超1.3亿千瓦，新增和累计装机规模均居全球首位。

不仅如此，2017年我国光伏产业链各环节也都取得了一定程度的发展。中国光伏行业协会公布的数据显示，2017年，我国多晶硅产量24.2万吨，同比增长24.7%；硅片产量87吉瓦，同比增长39%；电池片产量68吉瓦，同比增长33.3%；组件产量76吉瓦，同比增长43.3%；逆变器产量62吉瓦，同比增长55%。产业链各环节生产规模全球占比均超过50%，继续保持全球首位。综上所述，光伏应用市场格局和结构大幅优化已经取得初步成果。在2015年，全国累计光伏装机容量超过100万千瓦的省份就达到11个。其中，中东部地区有6个省累计装机容量超过100万千瓦。西部地区光伏装机独大的局面已经改观，呈现出东中西部共同发展的格局。

2016年，我国光伏市场格局得到进一步优化。数据显示，2016年全国新增光伏发电装机中，西北以外地区为2480万千瓦，占全国的72%。其中，中东部地区新增装机容量超过100万千瓦的省份达到9个，分布式光伏比例迅速提高。中国光伏行业协会秘书长王勃华表示，2016年我国光伏应用市场格局和结构发生了“双变换”：一是市场格局重心从西北部逐渐向中东部地区转移；二是市场结构重心也随之从地面光伏电站向分布式光伏转移。2017年，分布式光伏成为我国光伏市场发展的一大亮点。国家能源局公布的数据显示，2017年分布式光伏新增装机达到1944万千瓦，同比超过360%，远超5年分布式光伏总装机量。其中，浙江、山东、安徽三省分布式光伏新增装机占全国的45.7%。

需指出的是，2013年以来，我国光伏产业在高速发展的同时，也带来了不少问题，如产业技术升级缓慢、先进技术产品难以进入市场等。为此，2015年6月，国家能源局、工信部、国家认监委联合发布了《关于促进先进光伏技术产品应用和产业升级的意见》，提出应提高光伏产品市场准入标准，支持先进技术产品扩大市场，全面实施光伏“领跑者”计划，推动光伏行业技术进步。该计划促进先进技术产品的推广应用，并采用竞争性方式配置市场资源（江华，2016）。从计划实施情况看，业主基本全部选用涉及PERC、黑硅、MWT、n型双面等高效太阳电池技术的产品。目前，高效光伏产品成为市场主流，未来高效光伏产品的市场需求将逐步扩大。

①部分省市，如宁夏、青海等，已要求普通电站的技术指标参照“领跑者”项目的产品技术指标要求；为推动技术进步，预计其他省市也将相继跟进。

②在国家大幅下调光伏电站补贴费率的情况下，不存在弃光限电、电网送出、土地等问题的“领跑者”项目成为市场热点，拉动高效产品市场需求。

③国家能源局计划在“十三五”期间额外设置指标规模，以支持已具备规模化量产能力，但由于成本偏高、市场认知度低等阻碍，产能尚未释放的先进技术产品，也将推动先进技术产品的规模化产量。

光伏“领跑者”计划自实施以来，与工信部《光伏制造行业规范条件》紧密结合，引导行业从同质化竞争向注重高效产品转变，对加快产业升级步伐起到了引领作用。值得一提的是，光伏“领跑者”计划实施近三年来，不但“领跑者”基地项目对先进技术和转换效率有明确标准，而且其他光伏项目也开始主动向“领跑者”看齐。目前，国内多个主流电站投资商在大型电站集中招标过程中，要求一般项目设备产品也需满足“领跑者”计划效率标准。2016年，我国光伏产业继续呈回暖态势，产业总产值达到3360亿元，同比增长27%，整体运行状况良好（内蒙古太阳能行业协会，2017）。一是产业规模持续扩大。2016年多晶硅产量19.4万吨，同比增长17.5%；硅片产量约63GW（吉瓦，下同），同比增长31.2%，光伏电池产量约为49GW，同比增长19.5%，光伏组件产量约为53GW,同比增长20.7%,光伏新增并网装机量达到34.5GW,同比增长127%。产业链各环节生产规模全球占比均超过50%,继续位居全球首位。二是企业经营状况持续向好。前五家多晶硅企业平均毛利率超20%,前10家组件企业平均毛利率超15%,部分生产辅材企业毛利率甚至超过25%,进入规范条件的组件企业平均利润率同比增加3个百分点,31家上市光伏企业中,有9家增幅超过100%。三是行业发展秩序渐趋合理。工业和信息化部继续实施并公告了《光伏制造行业规范条件》第五批企业名单,相关实施工作受到多方重视,行业规范与信贷授信协同联动加强,发展秩序渐趋规范。在工业和信息化部的推动下,光伏企业智能制造持续推进,生产自动化、数字化水平不断提高,单位产出用工量明显下降。

"十三五"期间,国内光伏市场将很难维持"十二五"期间的高速增长态势,而转向每年稳定的新增市场规模,传统的通过单一扩大生产规模以取得产业发展优势的发展模式也难以为继,要求行业和企业通过加强创新提高全行业发展水平。

①技术创新方面:发展PERC、黑硅、MWT、n型等高效太阳电池生产技术,发展双玻、双面、抗PID等组件技术,扩大应用固定可调、平单轴、斜单轴等跟踪系统、柔性支架、带SVG功能的组串、集散等逆变器产品,推动生产线智能化改造,提高差异化竞争能力,进一步降低产品生产成本与光伏发电成本。

②系统集成创新方面:通过多种举措提高系统PR值。

③应用模式创新方面:创新分布式光伏应用商业模式并推广,扩大分布式光伏应用规模。

④光伏产品创新方面:探索可与光伏融合的产品领域,如汽车、农业生产工具、消费电子等,拓展光伏应用市场。

6.1.2 我国太阳能资源情况

我国地处温带与亚热带地区,太阳能资源丰富,全国三分之二的国土年日照小时数在2300小时以上，太阳辐射总量大于每平方米7000MJ，其中西藏、青海、新疆、甘肃、内蒙古、山西、山西、河北、山东、辽宁、吉林、云南、广东、福建和海南等地区的太阳能辐射量较大，常年可提供光伏发电时常达1500小时以上。在西藏和云南等高原地区日照强度已经超过6000MJ；广东、广西和海南地区的日照强度5000MJ左右，而且其环境温度高，利于太阳能光伏发电。根据国家气象局风能太阳能评估中心划分标准，我国太阳能资源地区分为以下四类。

一类地区(资源丰富带)：全年辐射量在6700～8370MJ/m^2。相当于230kg标准煤燃烧所发出的热量。主要包括青藏高原、甘肃北部、宁夏北部、新疆南部、河北西北部、山西北部、内蒙古南部、宁夏南部、甘肃中部、青海东部、西藏东南部

二类地区(资源较富带)：全年辐射量在5400～6700MJ/m^2，相当于180～230kg标准煤燃烧所发出的热量。主要包括山东、河南、河北东南部、山西南部、新疆北部、吉林、辽宁、云南、山西北部、甘肃东南部、广东南部、福建南部、江苏中北部和安徽北部等地。

三类地区(资源一般带)：全年辐射量在4200～5400MJ/m^2，相当于140～180kg标准煤燃烧所发出的热量。

四类地区(资源匮乏带)：主要包括四川和贵州两省、湖南西北部。这些地区是我国太阳能资源最少的地区。

6.1.3 装机容量

在我国《电力发展“十三五”规划》中提出，到2020年底，太阳能发电装机容量达到110GW。截至2015年年底，我国光伏发电装机容量累计达43.18GW，截至2016年年底，我国光伏发电装机容量累计达78GW。

6.1.4 并网情况

国家能源局西北能源监管局发布的数据显示，2016 年我国西北五省(区)弃风电量 262.25 亿千瓦时，弃风率 33.34%。其中，甘肃、新疆弃风率分别高达 43.11%和 38.37%。西北五省(区)弃光电量 70.42 亿千瓦时，弃光率 19.81%。其中，新疆、甘肃光伏发电运行较为困难，弃光率分别为 32.23%和 30.45%。

其实，风、光等清洁能源无法并网，并不能全部归咎于电网吸纳能力的滞后。从市场供需角度来看，近年来，西北区域新能源装机增长过快，而当地社会用电需求增速放缓加剧了电力过剩的局面。例如，在宁夏自治区，2016 年全社会用电最大负荷为 1152 万千瓦，而当地新能源装机已经达到 1337.5 万千瓦。在甘肃省用电最大负荷 1339.1 万千瓦，而新能源装机已高达 1957.4 万千瓦。两者之间的矛盾归根结底就是消纳问题。

为了缓解光伏消纳矛盾，一方面要优化光伏电站补贴，鼓励发展分布式电站，拓展"光伏＋"综合利用工程；另一方面，在光照资源优势明显的西北地区加快强有力的电网配套建设，提高输出能力，避免清洁能源的浪费。

《太阳能发展"十三五"规划》明确要求，在弃光限电严重地区，严格控制集中式光伏电站建设规模，加快解决已出现的弃光限电问题，采取本地消纳和扩大外送相结合的方式，提高已建成集中式光伏电站的利用率，降低弃光限电比例。同时，在"三北"地区利用现有和规划建设的特高压电力外送通道，按照优先存量、优化增量的原则，有序建设太阳能发电基地，提高电力外送通道中可再生能源比重，有效扩大"三北"地区太阳能发电消纳范围。

6.1.5 投资情况

国家能源局发布的统计数据显示，2016 年我国分布式光全年新增装机容量4.24吉瓦，较2015年新增的1.39吉瓦同比增长200%。随着光伏电站快速发展，如何让分布式电站实现多收益、少维护，成为业界关心的话题。

由于国家对光伏补贴逐步下调，如果还是维持原来的建设规模和运营模式，企业投资收益就会下降。因此光伏发电的发展不仅依靠单纯降低电站的投资成本，而且从系统角度解决问题，包括维护甚至是降低投资金额。

6.1.6　竞争环境分析

中国的光伏制造业接近80%的产量都在国内，同时也有非常多的资金往国外流转。但是这样的风险非常多，包括汇率的风险，政治的风险，如果从全球的角度来看，其实最大的风险是在于低价竞争。目前基本在全球范围内，特别是在新增需求很大的一些市场，低价竞争已经成为常态。

通过技术创新和规模化发展，近10年来我国光伏组件的价格从10年前每瓦近50元左右，下降到每瓦4元左右；光伏逆变器价格从10年前每瓦2元左右，下降到2毛钱左右；整个光伏系统的价格从10年前每瓦60元左右，下降到现在每瓦7元，相应的光伏电价下降了76%。《太阳能发展"十三五"规划》中提出了光伏工艺进步和成本下降的目标，包括发电成本再降50%以上，用电侧实现平价上网；晶硅电池转换效率达到23%以上；薄膜转换效率显著提高；若干新型电池初步产业化等。

光伏企业敢于低价竞争的主要原因是目前光伏组件价格在不断下跌，使得发电成本下降。通过低价竞争可以迫使企业进行技术创新，降低组件的生产成本，让企业逐步摆脱政府的补贴，从而加快光伏平价上网步伐。2016年10月，在内蒙古乌海"领跑者"项目竞标中，英利以0.45元/千瓦时的超低价格中标，这一电价低于当前的民用电价，让业内颇为震惊。这一例子充分说明了企业进行技术创新对增强市场竞争力的重要性。

当前，光伏企业不得不参与到价格战中，如果不参与到价格战中，则可能面临被市场边缘化甚至提前淘汰出局的境地。短期来说，光伏企业由于价格战导致的利润降低难以避免。采用廉价质次的产品，项目维护成本将会升高，严重影响光伏项目的稳定性和收益能力，削弱了光伏行业的投资属性。因此，只考虑成本而不考虑产品的质量的公司在行业内将无法长期生存。

6.2 京津冀地区的光伏发电发展现状与趋势

2016 年将加大环境治理力度，推动绿色发展取得新突破。在京津冀地区大力发展分布式光伏电站，对充分利用太阳能资源、进一步优化能源结构、增加清洁能源比重、促进大气污染防治、有效转变能源发展方式和用能方式、节能减排、加快改善生态环境具有重要意义。

在京津冀协同发展的大背景下，京津冀地区目前已经具备了大力发展光伏发电站的四个条件：一是符合产业政策，京津冀地区作为未来最具经济活力的区域，理应走在全国前列；二是自然条件优越，京津冀地区是我国光照资源富集的地区，仅河北年辐射量就达 1450～1700kWh/m^2；三是地域比较广阔，京津冀地区的燕山、太行山、坝上等山区、高原以及广大平原地区，有很多非常适合发展光伏发电站的场地；四是建造成本低，为大规模推进分布式光伏发电站建设提供了有利条件。

京津冀地区属于太阳能资源比较丰富的地带，其每平方米年辐射量为 5400～6700MJ。丰富的太阳能资源为京津冀地区光伏产业的发展提供了有利的先天条件，如表 6-1 所示。

表 6-1　京津冀地区光伏发展情况

城市	累积核准项目数	累计核准容量(万千瓦)	累积并网项目个数	累计并网容量(万千瓦)	年上网电量(万千瓦)
北京	3	3.3	1	2	0
天津	19	67.1	2	2.2	15690.4
河北	104	325.6	57	167.5	177776.5
总计	126	396	60	171.7	193466.9

由上表可以看出,京津冀地区的光伏发电主要集中在河北省,其年光伏上网电量占光伏发电总量的 91.89%,可见河北省的光伏产业是京津冀发展光伏产业的重要抓手。

6.3　政策分析

为鼓励和扶持光伏产业的发展,中国政府相继出台了一系列文件:2007 年 9 月,国家发改委发布《可再生能源中长期发展"十一五"规划》;2008 年 3 月,财政部、住房和城乡建设部联合发布《关于加快推进太阳能光电建筑应用的实施意见》;2009 年 7 月,财政部、科技部和国家能源局联合发布《关于实施金太阳示范工程的通知》;2012 年 2 月,国家工业和信息化部正式下发《太阳光伏产业"十二五"发展规划》;2012 年 9 月,国家能源局发布《关于申请分布式光伏发电规模化应用的通知》;2013 年 8 月,国家发改委发布《关于发挥价格杠杆作用促进光伏产业健康发展的通知》。

目前中国的光伏产业政策虽然已经形成体系化,但政策的协调性和有效性还存在明显不足。例如,政策激励机制过于偏重供给方面,如装机容量和上网电量,而消费者没有得到足够的利益,从而导致购买的愿望不强。再如国家规定光伏电价补贴从光伏专项基金和光伏电价附加费中支付,而电价附加费是采取延期支付的方式，这通常会导致补贴资金不能按时足额到位，影响资金的正常流动。

在2018年3月，国家能源局发布了《2018年能源工作指导意见的通知》，着重提到要推进贫困地区农网改造升级和能源扶贫。2018年计划下达农网改造升级工程中央预算内投资120亿元；下达村级光伏扶贫电站规模约1500万千瓦，惠及约200万建档立卡贫困户。光伏扶贫是国务院扶贫办2015年确定实施的"十大精准扶贫工程"之一，利用贫困区当地资源优势，建设光伏电站，从所发电量的经济收益中支出一部份用来帮助贫困人口脱贫。

6.4 存在的问题

(1)光伏制造业"融资难、融资贵"的问题亟待解决

受前期产业贷款坏账影响，金融机构对光伏制造业授信整体压缩的状况没有根本改善，企业通常很难获得金融机构的融资支持，金融机构针对光伏企业的贷款利率高达6%以上甚至超过10%。可目前光伏研发与产品制造方面的全球竞争正日益激烈，一方面，欧美等发达国家及光伏企业开始加快实施转换效率达22%以上的高效电池(我国产业化生产光伏电池转换效率普遍在20%以下)规模化量产计划，意在以此为切入点抢占竞争制高点；另一方面，东南亚地区的马来西亚和菲律宾等国家，依靠其成本优势大力承接全球制造业转移。预计未来5年内，随着我国制造业成本的进一步上升，以及东南亚国家相关配套的逐步成熟，产业转移趋势将愈加明显。因此，我国光伏企业亟须通过加大研发投入，实现差异化竞争，以巩固制造规模全球首位的领先优势。但是，在目前的融资环境下，我国光伏企业能保证正常生产所需现金流已属不易，更遑论获得足够资金以支持技术升级。

(2)非技术性因素极大影响平价上网进程

经过多年的的发展，我国光伏企业通过技术进步和规模化显

著降低了光伏电站系统部件的投资成本。但是我国光伏发电项目建设及运营过程中的一些非技术因素则使光伏电站投资及发电成本显著提升,这些问题在一定程度上盖过了技术进步的成果。一是土地征税标准不规范。同一地区耕地占用税和土地使用税分别有5倍和20倍的调整空间,部分地区在财税资源紧张的情况下,从严从紧诠释税收法规,或要求企业按照税收标准上限缴纳耕地占用税和土地使用税,或要求企业按批准用地全部一次性缴纳耕地占用税,极大提升初期投资成本。二是弃光限电矛盾突出。由于本地电力消纳能力有限、调节电源比重偏低、电网发展滞后等原因,甘肃、新疆、青海等地区已经出现严重的弃光限电等问题。2015年,全国弃光率达到12.6%,其中甘肃弃光率甚至达到30.7%。三是项目前期成本较高。企业进行普通地面光伏电站建设需要涉及发改、土地、电网、安监、水利、环保、住建、文物、农业等多个部门,还可能遭遇路条买卖、地方保护等问题,企业人力成本、时间成本、资金成本花费巨大。四是补贴拖欠。

(3)政策缺乏延续性

2015年底,国家宣布对现行光伏上网标杆电价进行下调,并于2016年6月30日之后执行下调后的电价。为获得较高的上网电价补贴,各地纷纷在补贴下调大限到来前抢装光伏系统。其结果是,仅2016年上半年,全国新增光伏装机量就超过了20GW,远远超过了2015年全年新增加的光伏装机容量15.1GW。而自7月开始,光伏市场出现断崖式下滑。三季度新增光伏装机量仅为7GW左右,环比下降45%以上。市场大起大落给产业发展带来较大负面影响。

(4)我国光伏产业面临“两头在外”的窘境

光伏产业链包括的环节主要有产业链上游的晶体硅原料提纯、硅棒或硅锭切片,产业链中游的光伏电池、光伏组件,以及产业链下游的光伏应用系统。国内多晶硅企业生产工艺技术更新滞后,导致多晶硅品质与国外有较大差距,而且生产成本较高,污染严重,无法与国际产品竞争,产品主要供给国内市场,在国际市场基本不具竞争力。由于缺乏核心技术，我国电池、组件等光伏产品生产中所需要的高纯度多晶硅则基本需要从国外进口。光伏电池与组件生产属于劳动密集行业，进入的技术门槛低，利用人力成本低的优势，我国企业基本集中于该领域。在产业链下游，国内光伏电站建设明显滞后，光伏产品的销售主要依赖于欧美发达国际市场。“两头在外”的产业格局，导致我国光伏产业波动性大，在损失宝贵自然资源的同时，也未充分获得良好的经济效益。这种发展特征必然导致我国光伏产品结构比较单一、产品附加值低、同业过度竞争。欧美轮番“双反”调查征收的高额税率更压缩了我国光伏企业的生存空间。

(5)我国光伏产业缺乏核心技术

我国光伏企业虽然数量多、产量大，但仍未形成科学合理的技术研发体系，并且关键技术落后。产业链上游的晶体硅原料的提纯工艺技术要求高，核心技术长期以来掌握在美、日、德等少数几个国家企业手中，国内厂商则主要从事低附加值、低科技含量的加工和组装，这种国际分工角色使得我国企业抗风险能力弱。国际金融危机爆发后，欧洲国家光伏补贴政策调整便严重打击了我国本已形成一定规模的上游硅料提纯行业，进而影响了产业链中游的电池和组件生产商。

6.5 发展趋势

(1)完善光伏产业配套建设，建立健全光伏服务业体系

京津冀地区应该制定完善的光伏产业标准体系，加快对光伏产业相关标准的修订，提高全产业链产品检测能力，加强行业组织在产业发展中的引导作用，推动行业加强联合。

(2)深入落实部门责任，加强政策贯彻联动

有关部门应在国务院统一领导下，加强沟通协作，增进政策联动，杜绝部门工作交叉及重复性政策制定等现象。对相关政策

的制定应加强前期调研论证，减少政策数量并提高稳定性、持久性、系统性，减轻企业负担。

本章在归纳总结中国和京津冀地区的光伏发电产业现状和相关的支撑政策后，分析了当前京津冀地区光伏产业存在的问题，并且研判了今后的发展趋势。京津冀地区具备相应的发展光伏发电的条件，并且已经取得了一定成果，其中河北省是京津冀地区发展光伏发电的重要抓手。但是发展过程中仍旧存在一些问题，如融资难、政策缺乏延续性和缺乏核心技术等。在今后的发展过程中应完善光伏产业的配套设施建设并且构建相应的服务业体系。

第7章　京津冀地区电力低碳协同发展模型

7.1　清洁能源发展的必要性

社会发展对能源的需求越来越强烈，大量化石能源的使用不仅加速了传统化石能源的枯竭还造成了严重的大气污染。中国疾病预防控制中心报告指出，由于燃煤而导致的大气污染已经成为影响中国公众健康的最主要危险因素之一，每年都给我国造成近千亿的健康经济损失和疾病负担。报告还指出，燃煤大气污染物排放已占到我国最主要能源大气污染物排放的70%以上；燃煤造成的大气污染导致了人体抵抗力的下降和人群发病率的提高。同时，燃煤大气污染物的扩散范围可达数千公里，相当于北京到上海甚至到广州的距离，这意味着远离污染源的人群同样会遭受环境污染的影响。燃煤大气污染严重的威胁着公众的健康。

在我国最主要能源大气污染物排放总量中，燃煤大气污染物排放已经占到了70%以上，成为影响公众健康的重要因素。研究数据显示，燃煤导致的大气污染物占到中国烟尘排放的70%、二氧化硫排放的85%、氮氧化物排放的67%和二氧化碳排放的80%。煤炭在燃烧过程中可以产生多种大气污染物，主要包括总悬浮颗粒物、硫氧化物、氮氧化物、多环芳烃类物质、重金属元素（如汞、镉、铅）以及氟和砷等。同时，这些污染物会随空气流动发生迁移和扩散。研究显示，可吸入颗粒物可扩散至数十公里，细颗粒物可至数百甚至数千公里;铅和镉可随燃煤排放烟尘的烟囱高度不同,扩散范围从半径500米到3000米,金属汞可以颗粒态的汞,传输至100至1000公里并沉降到大地或水体中。

由于燃煤大气污染物对人体健康的危害是长期、慢性的,因此很容易被公众忽视。而当接触污染物的浓度持续达到一定剂量时,会引起特异性的靶器官损伤,诱发呼吸系统疾病、心脑血管系统疾病、肿瘤、新生儿出生缺陷、地方病等。燃煤大气污染物对儿童、慢性病患者和老年人等敏感人群的影响更为显著。2008年,我国与大气污染有关的死亡人数达到50万,其中婴儿死亡所占比例高达十分之一。在煤炭大省山西,2006年新生儿出生缺陷率高达每万人189.96例,其中神经管畸形发生率为每万人102.27例,分别是全国的2倍和4倍。每年,与燃煤大气污染密切相关的疾病都给中国造成了巨大的健康经济损失和疾病负担。以北京为例,北京2000—2004年可吸入颗粒物(PM10)的年平均浓度为141～166$\mu g/m^3$(国家环境空气质量的二级标准的PM10年均浓度限值为100$\mu g/m^3$),5年期间健康经济损失每年在167000万至365500万美元,占北京年国民生产总值的6.55%。

此外,化石燃料的使用导致大气中的二氧化碳浓度增加,阻止地球热量的散失,使地球气温升高,产生"温室效应"。温室效应则使得全球变暖,冰川融化,海平面升高;物种改变生活习性,该冬眠的不冬眠,该迁徙的不迁徙;生态环境导致恶化,人类生存受到威胁。

因此,采用清洁的新能源代替传统的化石能源变的尤为重要。风电、光伏、水电作为清洁的可再生能源受到中国政府的高度重视。京津冀地区作为中国重要的风电发展基地,研究该地区在低碳约束下电力结构的协同发展情况具有较强的现实意义。影响新能源发电的因素有很多,比如现有装机容量、节能减排政策、经济发展趋势、并网发电成本、各种能源的协调发电情况等。这些因素相互作用,相互影响形成了复杂的系统。以往的研究往往只注重单个因素对电力结构发展的影响,没有综合考虑各因素之间的相互作用。并且在以往的研究中很少将京津冀一体化因素考虑在内，同时研究京津冀地区内部与外部的电能流动。因此，本章从京津冀一体化角度出发，对该地区低碳约束下的电力结构协调发展问题进行研究，为研究涵盖多区域内部能源协同发展以及区域内、外部能源协调发展的相关问题提供了系统的分析方法和思路。

7.2 能源低碳转型的研究现状

在低碳发展与经济发展的关系方面，学者们采用不同的方法对不同地区的污染物排放量与经济增长关系进行了分析，发现采取节能减排措施不会降低经济的增长量（何伟，2011；孙花，2016）。通过对灰霾环境下的能源利用效率和节能减排分析，发现中国各省在减排方面都存在较大的潜力（孟庆春，2016）。通过构建内生经济增长模型，分析中国各省市的能源消费与经济增长的关系，发现可以通过研发可再生能源、提高碳排放清洁技术等方法来实现在碳排放约束下的经济增长（崔百胜，2016）。

新能源发电出力受到季节、气候等因素的影响，具有随机性、间歇性、波动性等特点（张伟波，2012）。因此，采取单一的一种新能源发电具有较大的局限性。所以研究多种能源的协调发电具有较强的实用性。因此，学者们将风电分别与光伏、水电以及储能组成不同的可再生能源系统进行研究。风电与光伏共同发电有较好的协调性（Prasad、Abhnil A，2017），学者们分别研究了在一定时间下可以允许载荷量（Matthias Huber，2014）和该能源系统的最优化问题（Monaaf D. A. Al—Falahi，2017）。通过对风能与水力发电组成的能源系统的分析，学者们发现该系统具有一定的可行性（Pieter de Jong，2016），并给出了该系统的最佳结合模行（Pieter de Jong，2017）。还有学者将风电、光伏、水电以及储能组成一个微电网，研究了该能源系统在不同的规模下的可行性

(Dean Laslett 2017, Javier Mendoza－Vizcaino 2017, Bruno Domenech 2014)、经济性(Mohammad Hossein Amrollahi, 2017)以及能源流动方向(Jakub Jurasz, 2017)。

在发电成本方面，新能源并入电网成本具有时间变异性，不确定性和位置约束性(Hirth L, 2015)。为取得最小成本与最低的碳排放量，学者们研究了风力发电与其他新能源发电和蓄电池组的最佳设计(Cory Budischak, 2013; Alain Billionnet, 2016; Xiaonan Wang, 2015)。在低成本与低碳排放条件下，对具有高风力发电的智能配电系统的调度和储备进行优化分析(Alireza Zakariazadeh, 2014)。并有学者专门针对采用风力和光伏发电可能遇到的情况进行了分析与比较(Anne Sjoerd Brouwer, 2016; Sirus Mohammadi, 2014)。以上研究发现，通过风力发电与其他发电形式的协调配合可以获得较低的发电成本和最小的碳排放量。所以在低碳约束下，发展新能源发电具有较强的优势。

近年来，中国的风电工业与风电装机都取得了较快的发展(Sufang Zhang, 2012; Sufang Zhang, 2013; Jianbo Yang, 2017)。有的学者从风电制造业和风电供应链等角度出发对中国风电发展进行分析(Sufang Zhang, 2012, 2013)。有的学者则从风电运营管理中的风险出发对风电工业的弹性进行了综合评价(Li Cunbin 2014, 2016)。还有的学者采用系统的思想，从政策，经济，治理和协作等方面对可再生能源发电的发展进行了较为全面的分析(Gottschamer L, 2016)。并且近年来，学者们结合风电发展的最新趋势对海上风电的发展进行了研究(Xin－gang Zhao, 2015)。将海上风电与陆上风电从发展模式、经济型与生态性方面进行了对比分析(Peter Enevoldsen, 2016; Brian Snyder, 2009)。学者们专门针对中国发展海上风电的政策、经济进一步进行了优劣势的分析(Zheng－Xia He, 2016)。并且已经有学者针对将来可能出现的海上风力发电的存储问题，从最低成本方面给出了合理的发展建议(Chao Qin, 2017)。

本章拟采用系统动力模型来综合分析能源问题。针对光伏发电的发展，笔者的研究团队就采用该方法从政策激励的角度，分析了从2012年到2020年的光伏装机容量的变化趋势，并提出了政策上的建议(Xiaopeng Guo,2015)。另外还采用该方法分析了福岛核泄露事件对2012年到2030年核电发展的影响(Xiaopeng Guo,2016)。总的来说，系统动力学模型在分析各影响因素之间复杂的交互作用方面，具有较强的优势。所以本文从低碳约束出发，运用系统动力学的方法，对京津冀地区主要影响火电与风电装机容量的因素进行分析，模拟风电与火电装机容量在这些因素交互作用下的发展趋势，并以模拟仿真的结果为基础，提出针对风电发展的政策建议。

7.3 政策环境分析

7.3.1 “十三五”新能源发电政策

中国政府已经出台了大量政策促进新能源的发展。政府对新能源发电项目建设实行贷款减息政策，在新能源发电项目并网时实行电价补贴和优先上网政策，对新能源发电企业实行第一个三年免税，第二个三年减半的税收政策。尤其是在2015年出台的《关于进一步深化电力体制改革的若干意见》及其相关配套文件，文件中明确要求建立优先发电制度，优先安排风能、太阳能等可再生能源保障性发电，保障清洁能源发电、调节性电源发电优先上网，建立电力现货市场，通过市场手段最大程度消纳风电、光伏发电等波动性发电，并在市场基础上对可再生能源给予发电补贴。通过这些手段的持续激励，新能源在我国取得了初步的发展，但也伴随着一系列问题的出现。因此，中国能源局在详细总结新能源发电发展成果的基础上，结合2020年和2030年实现非化石能源分别占一次能源消费比重15%和20%的目标，按照《可再生能源法》要求,制定了“十三五”期间新能源发展规划。在风力发电方面,规划中规定,到 2020 年底,风电累计并网装机容量占到全国总发电量的 6%左右。规划中明确要求到 2020 年北京地区达到累计并网装机容量 50 万千瓦,天津地区累计并网容量达到 100 万千瓦,河北省累计并网装机容量 1800 万千瓦。

7.3.2　大气污染与低碳约束政策

京津冀地区是我国的政治和文化中心,但是却一直面临着严重的大气污染问题。政府于 2013 年 9 月印发的《大气污染防治行动计划》表明京津冀及其周边地区是我国空气污染最为严重的地区。规划明确要求京津冀地区要经过五年努力,实现空气质量的明显好转,使重污染天气较大幅度减少。力争再用五年或更长时间,逐步消除重污染天气,空气质量全面改善。《能源发展战略行动规划 2014—2020》要求调整能源结构,加快清洁能源的供应,压减煤炭的消费量。计划中明确要求削减京津冀鲁地区的煤炭使用量,计划到 2020 年时煤炭的使用量比 2012 年时减少 1 亿吨标准煤,全国煤炭消费比重降至 58%。并且根据我国与联合国气候变化协会签订的减排目标,使二氧化碳排放量在 2030 年左右达到峰值并争取尽早达峰,单位国内生产总值二氧化碳排放量比 2005 年下降 60%～65%。这对我国能源、电力的发展都提出了较高的要求。在这种内在需求与外在要求共同作用下,京津冀地区的风力发电发展具有重要的意义,所以本文的研究具有很强的现实性。

7.3.3　京津冀地区的外购电政策

在外购电方面,北京地区所占比重较大。外购电占北京地区总用电量的 65%左右 。在《北京市可再生能源十三五规划》中提出要大力发展北京市外购电,计划到 2020 年北京市外购绿电增加到100亿千瓦时。天津地区部分电能输送到北京地区的同时，也购入大量的电力，天津市的外购电量呈逐年增加的趋势。在《天津市国民经济发展十三五规划》中明确指出，要积极推进特高压输电通道建设，到2020年外购电比例达到三分之一以上。并且根据天津市规划，该市正在建设蒙西——天津南特高压等一系列输电工程。这些工程的建设会给天津市外购电产生积极的影响。河北省在保证北京市和天津市供电稳定的同时，也有部分电量外购。其外购电量占比相对北京市与天津市较少，但是数量较大。根据《电力发展十三五规划》，在"十二五"期间，西电东送项目年送电量增量为每年6.97%。规划中还指出"十三五"期间政府将大力扶持高压输电线的建设，计划送电量年增量为14.04%。京津冀地区是西电东送中的重要受电点，"十三五"期间其外购电将会有较大的发展。该地区内部与外部的电力交换显著，是多区域能源系统协调发展的典型研究目标。

7.4 京津冀地区电力低碳发展的模型构建

7.4.1 建模思路

本文拟采用系统动力学的方法，对京津冀地区未来的电力结构变化趋势进行分析。首先，本文对京津冀地区的国内生产总值进行分析，预测未来各地区生产总值的变化情况。根据各地区的产业结构、单位产值的耗电量、常住居民数量和平均居民用电量，确定京津冀地区的总用电量。然后，本文结合京津冀地区大气污染治理政策、电力发展规划、发电利用小时数、装机容量等因素对火电发电量、水电发电量以及外购电量进行分析，计算出京津冀地区各种能源的装机容量。最后，对税收补贴、电价补贴、收益补贴等政策刺激下新能源的装机容量的变化趋势进行分析。并针对该变化提出相应的政策及发展建议。

7.4.2 数据的收集与整理

考虑到数据的统计口径和研究的准确性，所以本文收集了2010 年到 2015 年的基本数据，根据研究需要，本文收集的数据及来源如表 7-1 所示。

表 7-1　数据来源说明

名称	来源
各地区国内生产总值	中国统计年鉴
北京市各行业生产总值	北京市统计年鉴
天津市各行业生产总值	天津市统计年鉴
河北省各行业生产总值	河北省经济年鉴
北京市全年常住人口数	北京市统计年鉴
天津市全年常住人口数	天津市统计年鉴
河北省全年常住人口数	河北省经济年鉴
各地区各类发电装机容量	中国电力统计年鉴
各地区各类发电装机利用小时数	中国电力统计年鉴
各地区各行业用电量	中国电力统计年鉴
居民生活用电量	中国电力统计年鉴
各地区的发电量	中国电力统计年鉴
各地区的用电量	中国电力统计年鉴

北京、天津、河北在经济发展水平、产业结构、常住人口数量以及地区能源结构水平上有一定的差异性，所以本文对这三个地区的情况进行了详细的分析。在地区生产总值上，虽然北京市占地面积较小，但是其地区产值较高，其第一产业与第二产业占比较少，第三产业占比最大，约占到地区生产总值的 79%，北京市以发展第三产业为主。北京地区产业产值及各产业产值占比如表 7-2 所示。

表 7-2　北京市地区产值及各产业产值占比

时间	地区生产总值(亿元)	第一产业产值(亿元)	第二产业产值(亿元)	第三产业产值(亿元)
2015	23014.59	140.21	4542.64	18331.74
2014	21330.83	158.99	4544.8	16627.04
2013	19800.81	159.64	4292.56	15348.61
2012	17879.4	150.2	4059.27	13669.93
2011	16251.93	136.27	3752.48	12363.18
2010	14113.58	124.36	3388.38	10600.84
2009	12153.03	118.29	2855.55	9179.19
2008	11115	112.83	2626.41	8375.76
2007	9846.81	101.26	2509.4	7236.15
2006	8117.78	88.8	2191.43	5837.55

天津市地区总产值低于北京市，该地区第二、第三产业均较大，并且第三产业呈上升趋势，第二产业在逐渐的向外转移。在2014年的时候第三产业总产值开始超过了第二产业。天津市地区产值及各产业产值占比如表7-3所示。

表 7-3　天津市地区产值及各产业产值占比

时间	地区生产总值(亿元)	第一产业产值(亿元)	第二产业产值(亿元)	第三产业产值(亿元)
2015	16538.19	208.82	7704.22	8625.15
2014	15726.93	199.9	7731.85	7795.18
2013	14442.01	186.96	7275.45	6979.6
2012	12893.88	171.6	6663.82	6058.46
2011	11307.28	159.72	5928.32	5219.24
2010	9224.46	145.58	4840.23	4238.65
2009	7521.85	128.85	3987.84	3405.16
2008	6719.01	122.58	3709.78	2886.65
2007	5252.76	110.19	2892.53	2250.04
2006	4462.74	103.35	2457.08	1902.31

河北省与北京市和天津市相比，其第一产业占比最大，但却呈现下降的趋势。在所有的产业中，第二产业占比最大，约占50%左右，但也呈现下降的趋势。该地区从 2011 年开始，第三产业占比上升明显，但是却一直没有超过第二产业。河北省地区生产总值及各产业产值占比如表 7-4 所示。

表 7-4 河北省地区生产总值及各产业产值占比

时间	地区生产总值(亿元)	第一产业产值(亿元)	第二产业产值(亿元)	第三产业产值(亿元)
2015	29806.11	3439.45	14386.87	11979.79
2014	29421.15	3447.46	15012.85	10960.84
2013	28442.95	3381.98	14781.85	10279.12
2012	26575.01	3186.66	14003.57	9384.78
2011	24515.76	2905.73	13126.86	8483.17
2010	20394.26	2562.81	10707.68	7123.77
2009	17235.48	2207.34	8959.83	6068.31
2008	16011.97	2034.59	8701.34	5276.04
2007	13607.32	1804.72	7201.88	4600.72
2006	11467.6	1461.81	6110.43	3895.36

京津冀地区人民生活水平存在一定的差异，生活水平的不同又导致居民用电水平的不同，所以，本文在构建京津冀电力结构模型时参考北京、天津、河北三地区人口数量的变化趋势，生活水平，预测居民生活用电量。北京市、天津市、河北省的常住人口变化情况如表 7-5 所示。

表 7-5 京津冀地区常住人口数量

时间	北京市常住人口(万人)	天津市常住人口(万人)	河北省常住人口(万人)
2015	2171	1547	7425
2014	2152	1517	7384
2013	2115	1472	7333

续表

时间	北京市常住人口（万人）	天津市常住人口（万人）	河北省常住人口（万人）
2012	2069	1413	7288
2011	2019	1355	7241
2010	1962	1299	7194
2009	1860	1228	7034
2008	1771	1176	6989
2007	1676	1115	6943
2006	1601	1075	6898

在装机容量方面，京津冀地区火电的装机容量最大，在北京市具有一定数量的水电装机，但是根据其发电利用小时数来看，其利用率较低，发电量较少，没有明显的增长趋势。并且在该地区水利资源有限，水电在未来的发展有较大的限制。该地区没有核电，光伏发电也是以小规模的分布式存在，装机容量也很小。而与其他新能源发电来说，风电的装机容量较大，增长速度较快，变化趋势明显，资源优势显著。所以在未来京津冀的电力结构主要由火电和风电构成，本文对该地区未来电力结构的预测也主要关注风电和火电以及外购电三部分。京津冀地区的装机容量及发电利用小时数如表 7-6～7-9 所示。

表 7-6　北京市装机容量

时间	北京水电装机容量（万千瓦）	北京火电装机容量（万千瓦）	北京风电装机容量（万千瓦）	北京光伏装机容量（万千瓦）
2005	102.5	383.35	0	0
2006	105	398	0	0
2007	105	390	0	0
2008	105	476	0	0
2009	105	512	5	0
2010	105	514	11	0

续表

时间	北京水电装机容量(万千瓦)	北京火电装机容量(万千瓦)	北京风电装机容量(万千瓦)	北京光伏装机容量(万千瓦)
2011	105	514	15	0
2012	102	614	15	0
2013	101	676	15	0
2014	101	970	15	2.5

表 7-7　天津市装机容量表

时间	天津水电装机容量(万千瓦)	天津火电装机容量(万千瓦)	天津风电装机容量(万千瓦)	天津光伏装机容量(万千瓦)
2005	0.5	614.99	0	0
2006	1	654	0	0
2007	1	692	0	0
2008	1	749	0	0
2009	1	1003	0	0
2010	1	1091	3	0
2011	1	1083	13	0
2012	1	1110	23	0.2
2013	1	1112	23	1.6
2014	1	1323	29	4.7

表 7-8　河北省装机容量表

时间	河北水电装机容量(万千瓦)	河北火电装机容量(万千瓦)	河北风电装机容量(万千瓦)	河北光伏装机容量(万千瓦)
2005	78.45	2233.32	4.8	0
2006	79	2609	22	0
2007	78	2902	41	0

续表

时间	河北水电装机容量(万千瓦)	河北火电装机容量(万千瓦)	河北风电装机容量(万千瓦)	河北光伏装机容量(万千瓦)
2008	154	2987	70	0
2009	179	3514	136	0
2010	179	3664	372	0
2011	179	3810	447	0
2012	179	3999	675	0
2013	181	4187	825	25.1
2014	182	4283	963	114.5

表 7-9 发电利用小时数

时间	北京水电(h)	北京火电(h)	北京风电(h)	天津水电(h)	天津火电(h)	天津风电(h)	河北水电(h)	河北火电(h)	河北风电(h)
2009	418	4968	2759	0	5133		337	5353	2270
2010	413	5055	2672	0	5260	1993	382	5462	2540
2011	422	4929	2721	0	5547	2027	404	5752	2155
2012	411	4627	2091	0	5331	2078	462	5621	2255
2013	446	4926	2100	0	5286	2458	537	5526	2052
2014	663	4564	1929	0	5138	2250	627	5229	1913
2015	664	4158	1703	0	4519	2227	563	4846	1808

7.4.3 建立模型

1.计算京津冀地区的总用电量

(1)计算未来国内生产总值

收集整理三地区 2010 年到 2015 年的国内生产总值，分析确定在 2016 年到 2020 年国内生产总值的年增量。结合“十三五”

规划，本文假定三地区的国内生产总值在未来五年的增长率均为6.5%，分别计算出各地区各年的生产总值，并设为 G_i。

(2)确定各产业占比

对各地区在过去五年中各产业生产总值占比进行计算，并确定其在未来五年的变化情况。经计算发现五年中各产业占比变化不大，可以近似认为其不变。设各产业占比为 Z_i。

(3)计算各地区各产业单位生产总值所需用电量

由于京津冀三个地区产业结构不同，各地区产业发展水平不近相同，所以分别对各地区各产业单位生产总值所需用电量进行分析。设各产业的产值为 C_i，用电量为 D_i，单位产值用电量为 S_i，计算如下。

$$S_i = \frac{D_i}{C_i}$$

(4)计算各地区人均用电量

京津冀三个地区居民生活水平不同，居民人均用电情况也不同，所以分别对三地区的居民用电情况进行分析。设居民生活用电量为 Y_i，常住居民人口数为 R_i，人均用电量为 K_i。计算如下。

$$K_i = \frac{Y_i}{R_i}$$

(5)计算京津冀地区的总用电量

根据预测的各产业产值 C_i，单位产值用电量 S_i，常住居民人数 R_i，以及人均用电量 K_i，计算京津冀地区的总用电量 X，计算如下。

$$X = \sum C_i S_i + R_i K_i$$

2. 计算可以容纳的风电装机

(1)计算各类装机容量

北京市和天津市没有核电装机且光伏的装机容量也较小。河北省的核电项目发展也比较晚，其首个核电项目海兴核电站仍处于建设过程中，预计在 2020 年建设完成。截至 2014 年年底，京津冀三个地区的光伏装机容量总量为 121.7 万千瓦，占总装机容量的1.5%，所以在模型中将光伏与核电列为其他形式的装机来进行讨论。本章选择三个地区的火电、水电以及其他形式发电的装机容量进行分析，并分别用 F_h、F_s、F_q 进行表示。

(2)计算各类发电的发电利用小时数

由于京津地区没有核电装机，所以核电的发电利用小时数等于河北省的核电发电利用小时数。在京津冀地区火力发电利用小时数也存在着较大的不同，所以采用加权平均的方法计算其总的发电利用小时数。设各地区的火力发电的利用小时数为 H_i，火电总的利用小时数为 H，平均发电利用小时数为 H_d。计算如下。

$$H_d = \sum \frac{H_i}{H} H_i$$

又由于京津冀地区空气污染严重，政府出台大量政策对污染物的排量进行控制。这些政策对火电的发展有较大的抑制作用。根据京津冀地区《能源发展战略行动规划2014—2020》计划到2020年京津冀鲁地区煤炭消耗量比2012年减少1亿吨。根据《大气污染防治行动计划考核标准》京津冀地区承担比例约为75.9%。再根据煤炭平衡表求得每年用来发电的煤炭占煤炭总消费量的45%左右。确定未来该地区火电利用小时数的发展情况，假定其利用小时数每年逐渐减少。

(3)计算火电、水电的理论发电量

根据发电量与装机容量和发电利用小时数的关系分别计算火电、水电的理论发电量以及其他形式的发电量，并分别用 X_h、X_s、X_q 表示。

(4)确定京津冀地区与区域外部的电能流动量

比较2010年到2015年间京津冀地区的总用电量与总发电量，计算出京津冀地区的外购电量数量。比较每年的数据发现京津冀地区在2010年到2015年外购电年增量约为8%。考虑到京津冀地区加强外购电的政策要求和西电东送项目计划"十三五"期间送电量年增量14.04%的目标，假设该地区从2016年开始外购电年增量为8%，且每年均比上一年的外购电量增加1%，用

X_w 表示。

(5)计算风电发电量

由于风力发电损耗较小，所以在模型中不再考虑耗损问题。根据供销平衡，确定风电的发电量。计算如下。

风电发电量＝总用电量－火电发电量－水电发电量－其他形式发电量－外购电量

即　　　$X_f = X - X_h - X_s - X_q - X_w$

(6)计算可以容纳的风电装机容量

整理并分析 2010 年到 2014 年三地区风电机组的发电利用小时数，假设风力发电的发电利用小时数为 2225 小时每年。根据风电装机容量＝风电发电总量/风电利用小时数即：

$$Z_f = \frac{X_f}{H_f}$$

求得京津冀地区可以容纳的风电装机容量。

3. 结合风电政策确定政策作用下的风电装机容量

综合分析现有政策作用下风电和火电的收益，并以此作为政策对风电发展的促进系数。本文用风电项目与脱硫火电项目的内部收益率作为政策的促进系数。采用内部收益率分析的优点是能够把项目寿命期内的收益与其投资总额联系起来，便于确定项目是否值得建设。风电项目前期投资大，而火电项目运行成本大，所以采用内部收益率来衡量项目所占用的资金在总体上的资金盈利率。

根据我国现有的风电激励政策结合风电项目造价与弃风风险等因素，引用谭忠富关于区域间风电投资收益风险对比分析模型中关于风电Ⅳ类资源区的内部收益率的研究成果（谭忠富，2013）。假设京津冀地区风电项目的内部收益率为 17.46％。关于火电项目的内部收益率，根据我国现有的火电政策，考虑到脱硫脱硝的补贴、煤炭价格、工程造价等因素，引用刘源对于 C 火电投资项目经济评价分析的研究成果（刘源，2015）。假设京津冀地区的火电项目内部收益率为 15.03％。以风电内部收益率比上火电内部收益率的比值减 1 作为政策因素对风电发展的促进系数。引用 IF 函数，根据在政策作用下的风电装机容量与可容纳的装机容量的差值，设置 IF 函数控制装机量。IF THEN ELSE(可容纳风电装机容量与政策作用下装机的差值＞300,0.161),IF THEN ELSE(可容纳风电装机容量与政策作用下装机的差值＞0),0.0808,IF THEN ELSE(可容纳风电装机容量与政策作用下装机的差值＞－300,－0.0808,－0.161))),即当可容纳装机与政策作用下装机的差值大于 300 万千瓦时，促进系数为 0.161；大于 0 万千瓦，小于 300 万千瓦时，促进系数为 0.0808；大于－300 万千瓦小于 0 万千瓦时，促进系数为－0.0808；小于－300 万千瓦时为－0.161。综上所述建立起如图 7-1 所示的系统动力学模型最终计算出正文策促进下的风电装机容量。

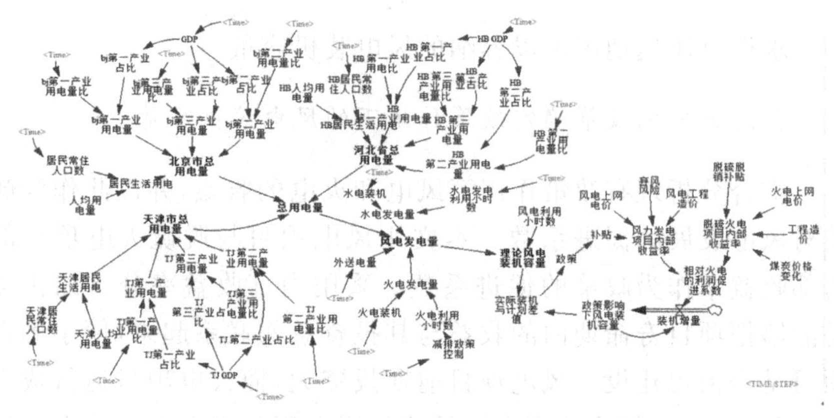

图 7-1　京津冀地区风电装机容量变化模型

7.5　模型检验

在模型建立后，需要对变量之间的关系进行检验。对资料进一步分析，检验模型与系统内部机制是否一致，因果关系是否合理。检查模型的语法是否存在问题，模型中变量的单位是否合理，变量之间的计算关系是否正确，验证模型在极端情况下的仿真结果与实际结果是否一致。

7.6　结果分析

本章采用 Vensim 软件来构建仿真模型，并对 2016 年到 2020 年之间京津冀地区在现有政策的促进下风电装机容量的变化情况进行了模拟分析。在模拟仿真的运行结果基础之上，主要从三个方面依次展开了具体分析：首先，对总用电量、减排政策约束下计算出的可以容纳的风电装机容量进行分析；然后，对政策作用下的风电装机容量变化情况进行分析；最后，对风电发展影响较大的因素进行敏感性分析。

7.6.1　京津冀地区可容纳风电装机容量分析

在 2016 年到 2020 年国内生产总值逐年平稳增加，国内生产总值的增加导致了京津冀地区总用电量的增加。又由于《大气污染防治计划》等政策对该地区大气污染的严格要求，所以该地区不得不对火力发电的发展进行严格的控制。这就造成了京津冀地区的新增火电装机项目减少，火电装机利用小时数减少。表现最为明显的是北京市。北京市努力推进煤改电项目，努力实现北京地区“无煤电”化。再加上京津冀地区水电、光伏发电发展较晚，所占发电比例较小，对风力发电量的影响较小。所以本文在根据政策控制京津冀地区外购电量发展的情况下，得到该地区总用电量、风电发电量以及可容纳风电装机容量的变化情况如图 7-2，图 7-3，图 7-4 所示。

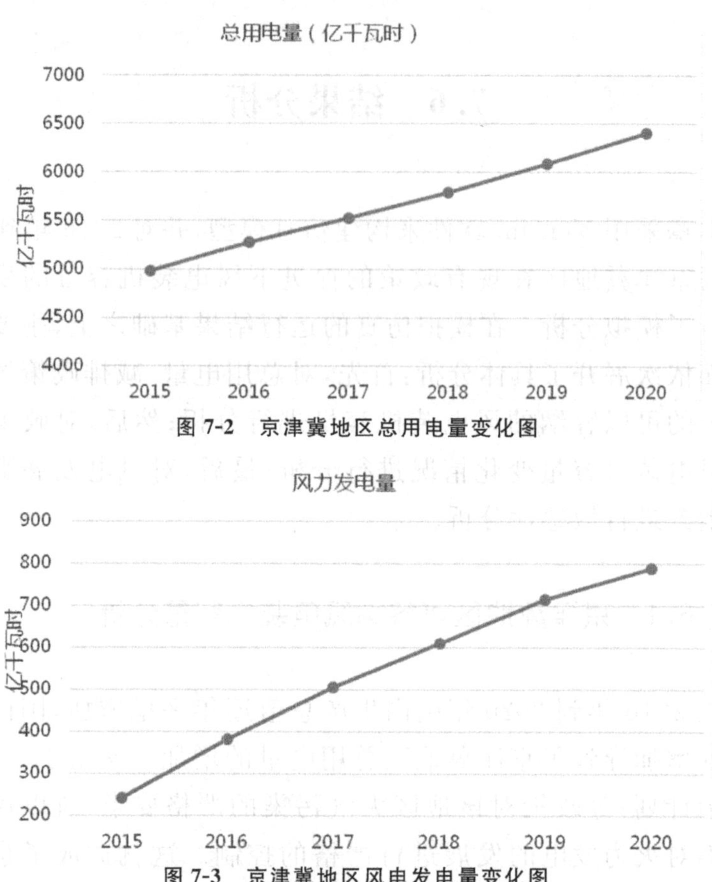

图 7-2 京津冀地区总用电量变化图

图 7-3 京津冀地区风电发电量变化图

从以上图表可以看出，京津冀地区总用电量、风电发电量、可容纳风电装机容量均呈明显的上升趋势。由图 7-4 可以看出可容纳风电装机容量由最初 2015 年的 1000 万千瓦增加到 2020 年的 3545 万千瓦。可容纳风电装机容量超过了《电力发展十三五规划》中计划的装机容量。分析其原因是因为京津冀地区总用电量的增加额与火电发电的减少额的总和大于外购电量的年增加额。这说明经济增长、外购电量和火力发电量减少可以增加该地区可容纳的风电装机量。

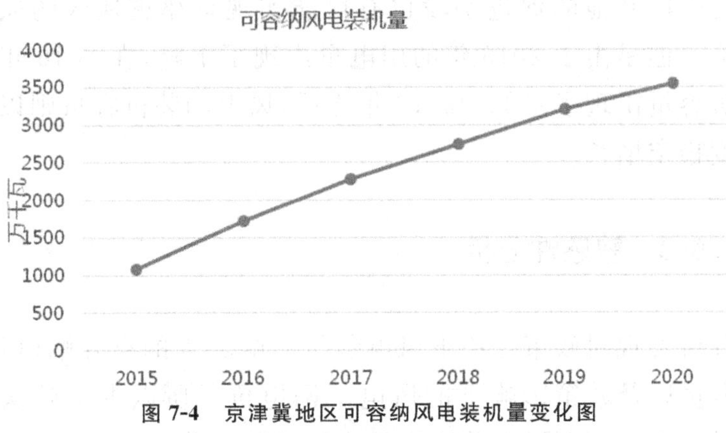

图 7-4　京津冀地区可容纳风电装机量变化图

7.6.2　政策作用下风电装机容量分析

本文综合分析现有风电项目的促进政策、京津冀地区风电项目装机以及脱硫脱硝火电项目的补贴政策，确定政策对风电装机的影响。由于可容纳的风电装机量远远大于政策作用下的风电装机容量，所以政策每年的促进系数都不为 0。政策作用下的风电装机容量的具体变化情况如图 7-5 所示。

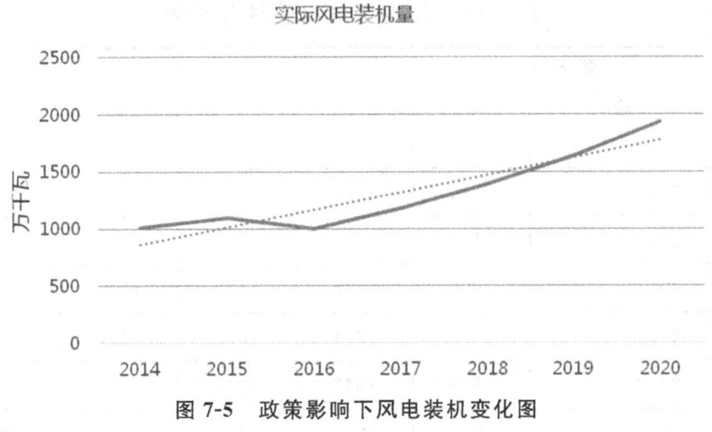

图 7-5　政策影响下风电装机变化图

从图 7-5 在政策作用下风电装机的变化情况可以看出，风电装机容量由 2014 年的 1007 万千瓦平稳增加到了 2020 年的 1938 万千瓦。这已经非常接近《电力发展“十三五”规划》中计划京津冀地区风电装机达到 1950 万千瓦的装机目标。这就意味着，政府不再采取其他的促进手段也有可能实现京津冀地区的风电装机目标。但是由于2015年的用电量出现了下降,在2016年时风电装机容量出现了降低。2016年之后,风电的装机容量则以较快的速度稳定增长。

7.6.3 敏感性分析

分析发现对政策作用下风电装机影响较大的有外购电量、火力发电量以及政策影响下的风电上网电价。所以本文就从这三方面对政策作用下风电装机容量进行敏感性分析。

(1)风电装机对外购电量的敏感性分析

由于京津冀地区外购电量大幅增加,本文根据政策的发展趋势,在上文中假定该地区每年的外购电量从8%开始增加,且每年的增长速度都再增加1%。结合外购电量自2010年到2015年的变化情况,现假设每年的外购电量分别增加2%、5%,减少2%、5%,在其他因素不变的情况下对实际风电装机量的变化情况进行敏感性分析。外购电量敏感性分析如表7-10所示。

表7-10　外购电量敏感性分析表

变化量 / 装机量 / 年	+5%	+2%	0	−2%	−5%
2015	1074	1097	1097	1097	1097
2016	1146	998	998	998	998
2017	1299	1178	1178	1178	1178
2018	1473	1391	1391	1391	1391
2019	1670	1642	1642	1642	1642
2020	1893	1938	1938	1938	1938

根据上述分析结果可以看出,当外购电量减少时风电的装机量并没有发生变化。分析原因,当外购电量减少时虽然加大了可

容纳装机与政策作用装机的差值，但是并没有改变当年的促进系数。这就造成了外送电减少但风电装机不发生变化的情况。而当外购电量增加时，则导致了风力发电量的减少，这就导致了风电装机容量的减少。在外购电量增加 2%时，风电装机容量没有发生变化。在该变化下每年的促进系数没有发生变化，这就导致风电装机容量不发生变化。

(2)风电装机容量对火力发电量的敏感性分析

由于京津冀地区不存在核能发电并且水电和光伏发电量非常少，且火力发电量最大，其在未来五年会成为限制风电发展的重要因素。因此本文进行了风电装机容量对减排政策约束下的火电利用小时数的敏感性分析。本文分别取火电发电的利用小时数增加 2%、5%，减少 2%、5%的情况做风电装机的敏感性分析，得到风电装机量如表 7-11 所示。

表 7-11　火电发电量敏感性分析

变化量 / 装机量 / 年	+5%	+2%	0	−2%	−5%
2015	1097	1097	1097	1097	1097
2016	998	998	998	998	998
2017	909	1178	1178	1178	1178
2018	1073	1391	1391	1391	1391
2019	1266	1642	1642	1642	1642
2020	1494	1938	1938	1938	1938

分析上述结果同样发现当火电的利用小时数减少或增加 2%时，风电的装机容量因为促进系数不变而没发生改变。而当火电发电小时数增加 5%时，风电装机容量在 2017 年开始出现明显的下降，直到 2020 年风电的装机容量也仅为 1494 万千瓦，远远没有达到“十三五电力规划”中京津冀地区的风电装机目标。所以，应当控制火电的发电量，在保证不发生电力短缺的情况下，促进

风电的发展。

(3)风电装机容量对风电上网电价的敏感性分析

国家能源局计划到2020年实现风电平价上网,与燃煤发电同平台竞争。并且在2016年政府对风电的上网电价进行了下调。所以本文根据实际情况并结合当风电Ⅳ类资源区风电上网电价发生变化时内部收益的变化情况[41],选取风电上网电价在当前基础上增加1%,降低1%、2%、3%的情况进行敏感性分析,结果如表7-12所示。

表7-12　风电上网电价敏感性分析

年 \ 装机量 \ 变化量	+1%	0	−1%	−2%	−3%
2015	1111	1097	1065	1042	1020
2016	996	998	1126	1079	1033
2017	1203	1178	1257	1155	1061
2018	1454	1391	1402	1236	1089
2019	1757	1642	1565	1324	1118
2020	2123	1938	1746	1417	1148

根据分析结果可以看出改变风电的上网电价会明显的影响风电的装机容量。当风电的上网电价增加时,风电的装机容量会明显的增加。但就目前我国的风电政策来说增加风电上网电价的可能性较小。而当风电上网电价每减少1%时,2020年的装机容量就要减少约300万千瓦。当风电的上网电价减少3%时,2020年的风电装机总量仅为1148万千瓦,这与2020年的装机目标存在较大的差距。根据经济学理论,资本进入风力发电市场,促进风电市场的发展,就需要该行业的边际利润大于0。政府想要促进风电以及新能源发电的发展就需要用超额的市场利润促进资本进入该行业。所以在风电行业成本没有降低的时候,降低风电的上网电价将会导致行业利润的降低,阻碍行业的发展。所

以本文建议应合理的延缓风电电价的下调,在风力发电成本出现一定的降低之前,不应当降低风电的上网电价。

根据风电装机容量对外购电量、火电发电量以及风电上网电价的敏感性分析,发现风电上网电价对风电装机容量的影响最大。分析原因,外购电量和火电的发电量都是通过影响风电的发电量来影响可容纳的风电的装机容量,进而间接的对政策作用下的装机容量产生影响。而风电上网电价直接对政策的促进系数产生影响,对政策促进下的装机容量产生直接影响,所以风电装机容量对上网电价的敏感性最高。

第 8 章　理论成果与发展建议

8.1　研究成果

本书对我国的电力市场、能源市场、低碳发展现状做出了简要总结，在此基础上分析了我国特别是京津冀地区的火电、风电、光伏发电的概况，旨在研究京津冀地区的发电结构。书中采取了系统动力学模型对区域间能源协同发展问题展开研究，模型中包含了与多种能源协同发展的诸多方面因素，其模拟结果能够很好的预测京津冀地区未来的发电情况。同时本文的研究成果也为解决多个区域之间的能源系统协调发展提供了参考。

京津冀地区同属京畿重地，战略地位十分重要。当前区域总人口已超过 1 亿人，面临着生态环境持续恶化、城镇体系发展失衡、区域与城乡发展差距不断扩大等突出问题。实现京津冀协同发展、创新驱动，推进区域发展体制机制创新，是面向未来打造新型首都经济圈、实现国家发展战略的需要也是当前中国三大国家战略之一。京津冀地区的发展拥有国家政策的大力支持，前景光明，因此本书着重研究的京津冀地区的发电结构和能源协同发展问题有着非常重要的战略意义。通过研究我们发现在装机容量方面，京津冀地区火电的装机容量最大，在北京市具有一定数量的水电装机，但是根据其发电利用小时数来看，其利用率较低，发电量较少，没有明显的增长趋势。而且在京津冀地区可利用的水利资源有限，因此水电在未来的发展有较大的限制。在京津冀地区没有核电，光伏发电也是以小规模的分布式存在，装机容量也很小。综上所述，相对于其他新能源发电来说，风电的装机容量较大，增长速度较快，变化趋势明显，资源优势显著。所以在未来京津冀的电力结构主要由火电和风电构成，本书对该地区未来电力结构的预测也主要关注风电和火电以及外购电三部分。

系统动力学模型是一种以反馈控制理论为基础，以计算机仿真技术为手段，通常用以研究复杂的社会经济系统的定量方法。本书中应用系统动力学来优化京津冀地区的能源结构，并建模求解。首先对京津冀地区的生产总值进行预测，通过分析各地区的产业结构、产业水平、人口数量、居民用电量来确定京津冀地区的总用电的变化情况；然后，再根据低碳发展政策的约束，预测京津冀地区的火电发展情况。根据《“十三五”电力发展规划》确定京津冀地区的外购电的发展情况。并根据装机容量与发电利用小时数计算出理论上可容纳的风电装机容量。最后，根据理论上可容纳装机容量与政策作用下的风电装机容量差值，分析现有的政策对风电的促进作用。确定风电装机与政策的相互作用情况。以此为基础提出对京津冀一体化情况下的政策建议。

书中采用了 Vensim 软件，对 2016 年到 2020 年京津冀地区在现有政策的促进下风电装机容量的变化情况进行建模分析。根据具体的仿真结果进行了三方面的分析：首先，在总用电量及减排政策约束下计算出京津冀地区可以容纳的风电装机容量；然后，计算考虑政策影响下的风电装机容量变化情况；最后对风电发展影响较大的因素进行敏感性分析。

通过协同发展模型，我们可以有效预测京津冀地区的总用电量、风电发电量，可以及时了解到可容纳风电装机容量的变化情况以及发电结构对各种影响因素的敏感度。从预测结果上看，2015—2020 年京津冀地区的用电量呈直线上升的趋势，平均增速为 285.8kW・h，但是该地区的风电发电量和可容纳的风电装机容量呈现出先减少后增加的趋势（我国的风电新增装机容量在 2017 年持续低迷），单从 2015－2017 年的数据来看，本书分析得出的预测结果是比较符合现实情况的。敏感性分析的结果显示，京津冀地区的风电装机容量的敏感性从强到弱，依次为风电上网电价、火电发电量、外购电电量。以上结论可以为京津冀地区的电力市场改革、能源发展战略、协同一体化等政策的制定实施提供有效参考。

8.2 发展建议

8.2.1 清洁能源

京津冀地区的全社会用电量将持续快速上升。京津冀地区现有的发电能源主要依赖于火电(燃煤为主)、辅之以部分的水力、风力和太阳能。过于单一的电能结构不仅限制了地区的发电能力，也导致了严重的生态环境问题。因此，在京津冀协同发展的进程中，需要推广多能源发电，特别是风力发电、水力发电、光伏发电等清洁能源发电，满足地区的用电需求和低碳环保需求。

(1)风电

风能作为一种清洁能源，其开发和利用在面临全球气候变暖时是一种很好的选择。在政策的倾斜和国际资本的关注下，风力发电在中国发展前景十分可观，我国风电经历了飞速发展的10年，成为国内继火电、水电之后的第三大电源。因此有效利用风力资源对我国改善能源结构优化电力市场以及保护环境都是十分重要的。

研究显示上网电价是影响风电发展的首要因素，风电的上网电价直接影响风电项目的内部收益率，直接影响决策者对风电项目的投资情况。本文在对上网电价的敏感性分析中发现降低风电的上网电价将明显的导致风电装机容量的降低。所以针对在国家能源局提出的到2020年实现风电与火电平价上网的政策应当在风电技术取得一定的进步或者在风电的装机成本实现一定降低的情况下进行。如果在技术与成本没有取得进步的情况下，降低风电的上网电价，将会对风电的发展形成较大阻碍。但2018年风电上网电价继续下调，一类至四类资源区新核准建设陆上风电标杆上网电价分别调整为每千瓦时0.40元、0.45元、0.49元、0.57元，比2016—2017年电价每千瓦时降低7分、5分、5分、3分。因此风电企业要时刻关注电价以保证企业利润。

(2)光伏

与水电、风电、核电等相比，太阳能发电没有任何排放和噪声，安全可靠；除大规模并网发电和离网应用外，太阳能还可以通过抽水、超导、蓄电池、制氢等多种方式储存，但我国的光伏发电技术尚不稳定，成本偏高。数据显现现在国内光伏的度电本钱在0.7元—0.8元，而化石能源的度电本钱在0.4元左右。如果加上国家必定数额的方针补助(财政补助或代替机制如绿证不退坡的情况下)，度电本钱可以达到0.4元及以下，光伏使用将可能达到一个“临界点”。但从长远来看，随着社会发展和技术进步，风电和光伏发电都有可能实现平价上网，不再需要补贴政策的扶持。因此清洁能源替代化石能源的趋势是显而易见的。京津冀地区发展光伏产业应该注重发电技术，建立具有规模的光伏发电体系，提高发电的稳定性和持续性，更好地代替化石能源给周边地区提供稳定安全的电源。

(3)解决弃风、弃光

资料显示，京津冀地区的可再生能源有一半以上位于张家口，但“弃风”“弃光”现象严重，一方面提高当地用电量可以消化多余的可再生能源电力，但有可能不利于我国的能源消费总量上限目标的实现；另一方面可以建设高压输电线路，将可再生能源电力输送到省外地区会降低输电效率和提高成本。因此本文建议将河北省的风光电力为北京的大批电动汽车充电来缓解弃风弃光问题。这就需要加强可再生能源丰富地区的电力外送能力，建设专用输配电线路，以提高整个京津冀地区的可再生能源并网率;突破区域内部的传输瓶颈,尤其是张家口与北京、天津这类大城市间的输电瓶颈;通过进一步分析,确定合理的弃电率目标。

统一的调度和平衡区域,在区域范围内平衡电力供需,确保清洁能源能够以最低成本输送给用户。这种做法不但促进了可再生能源的优先使用,而且还向市场发出信号,有利于今后输电和发电项目的投资。从目前来看,京津冀地区也有望提高可再生能源并网率,改善空气质量,提高非化石燃料发电比例。因此,建议在整个京津冀地区开展可再生能源并网试点,将可再生能源丰富的张家口市与区域内电力需求旺盛的中心城区连接起来。

8.2.2 化石能源

化石能源将逐步被清洁能源所取代,我国的两大目标:一是到2020年非化石能源占一次能源消费总量的比重达到15%左右;二是到2020年单位GDP二氧化碳排放比2005年下降40%~45%。如今,中国已经成为全球清洁能源投资第一大国。在此背景下,化石能源应该逐渐退出历史舞台,作为清洁能源的替补。

科学发展煤电对我国的能源革命至关重要。为化解煤电潜在的过剩风险,我国陆续出台各项政策规范各地煤电发展,这在促进电力行业的可持续发展的同时也对火电行业提出了不小的挑战。北京市作为我国的首都,天津市作为我国直辖市和北方经济中心城市,均不太适合布局过多的发电厂。因此,需要优化京津冀地区的发电厂布局,充分发挥地区的能源优势。一方面,优化京津冀三地之间的电厂布局,将北京市和天津市的部分发电厂,特别是火电厂迁往河北省,充分发挥河北省的能源优势。在这一过程中,需要科学的选址和严格的环评论证,避免出现污染企业向经济欠发达地区转移的问题和“邻避效应”。另一方面,优化京津冀三地内部的电厂布局。京津冀地区已经不适合继续在城区内运行发电厂,需要将发电厂逐步迁往郊区,并在电厂选址时充分考虑风向、河流流向等因素。目前，北京市和天津市区、石家庄等地已经开始着手城区发电厂外迁的工作，需要今后在更多的城市推行。总体来说，京津冀地区火电机组关停是大趋势，将会被各类新能源所替代。此外，在环保政策的压力下，化石能源的发展也会受到限制。因此在清洁能源发电技术不断发展进步的同时应适当减少化石能源的利用，力争实现我国清洁能源使用量占比的目标。

8.2.3　协同发展建议

为贯彻落实京津冀协同发展战略，在电力一体化发展方面，京津冀地区为实现跨区跨省电力市场的建设和运营建立了北京电力交易中心统筹安排电量的分配。本文建议应根据各地区承担的不同功能，合理分配电力资源。北京地区经济发展较快，人口较多，但发电量较少。这就要求天津市和河北省必须优先满足北京市的电力需求。考虑到天津市与河北省的资源分布与发用电量，天津应当适当的支持北京市的用电，而河北省的支持力度应该更大一些。并且应当加强各地区电力需求量的预测，为京津冀协同发展提供安全、经济、可靠的电力保障。

根据研究结果可知京津冀地区政府继续实施当前的政策即可确保达到“十三五规划”中计划实现的风电装机目标。京津冀地区的相关部门已经对该地区火电项目实行了限批政策。在政策作用下，京津冀地区火力发电量逐渐减少。京津冀地区的外购电主要来自于山西、内蒙古、陕西、宁夏和新疆等地区。这些地区有丰富的煤炭资源，在该地区建设煤电厂能够延长产业链，增加当地财政收入和就业机会，拉动经济发展。因此，应该刺激这些地区建设燃煤电厂的积极性。此外，国家电网也组织建设了输电电网，如“蒙西—晋北—天津南”特高压输电工程的规划，积极建设西部能源富集省份的电力外送通道。

为促进协同发展目标，京津冀三地共同启动了能源协同发展行动计划，即《京津冀能源协同发展行动计划(2017－2020年)》。该计划由北京发改委、天津发改委与河北发改委共同制定并经报请三地政府同意后印发实施。计划提出了能源战略协同、能源设施协同、能源治理协同、能源绿色发展协同、能源运行协同、能源创新协同、能源市场协同、能源政策协同等“八大协同”，是对推进生态文明建设，促进首都空气质量改善的重要举措。我国目前在实施的四大举措：一是推进可再生能源发展，到2020年京津冀风电装机容量达到2260万千瓦，光伏发电装机达到1696万千瓦；二是打造张家口可再生能源示范区，建设崇礼低碳奥运专区，可再生能源消费量占终端能源消费总量比例达到30%；三是规划建设能源高端应用示范区，在雄安新区、北京城市副中心、天津滨海新区、冬奥会赛区、北京新机场等新增用能区域，支持以地热能、风能、太阳能为主的可再生能源开发，鼓励多能互补、智能融合的能源利用新模式；四是促进可再生能源消纳，优先安排张家口可再生能源示范区等可再生能源和清洁能源上网，实现在京津冀区域一体化消纳。

在良好的政策环境下，京津冀应抓住机遇共同推进可再生能源发展，大力发展风电、光电，推进风电基地建设。目前张家口可再生能源示范区、崇礼低碳奥运专区、能源高端应用示范区都在建设中，同时，计划优先安排张家口可再生能源示范区等可再生能源和清洁能源上网，实现在京津冀区域内一体化消纳。

参考文献

[1]邹士年. 我国低碳发展的机遇分析[EB/OL]. http://www. sic. gov. cn/News/466/5721. htm.

[2]习近平. 谋求持久发展,共筑亚太梦[R]. 在亚太经合组织(APEC)工商领导人峰会上的演讲,2014－11－14.

[3]中国电力百科全书·电力系统卷. 北京:中国电力出版社,1997.

[4]张丽峰. 中国能源供求预测模型及发展对策研究[D]. 首都经济贸易大学,2006.

[5]蔡皓. 我国输配电成本监管问题研究[J]. 现代商贸工业,2010,22(4):171－172.

[6]王建. 地方政府辨[J]. 学习时报,2006,352:42－47.

[7]吴利学. 中国能源效率波动:理论解释、数值模拟及政策含义[J]. 经济研究,2009(5):130－142.

[8]王力年. 区域经济系统协同发展理论研究[D]. 东北师范大学,2012.

[9]刘静. 我国区域高等教育协同发展及其对综合水平的影响[D]. 湖南大学, 2014.

[10]方福康. 普里戈金的科学贡献[J]. 科学:上海, 2004, 56(3):41－43.

[11]佟强. 企业差异管理[M]. 北京:企业管理出版社, 2006.

[12]张开益. 基于博弈论的化工产业绿色集群发展研究[D]. 上海海事大学, 2007.

[13]胡纹, 陈世峰. 基于博弈论的区域规划研究——以贵州

习水县城市空间战略规划研究为例[C]//山地人居环境可持续发展国际学术研讨会,2012.

[14]刘畅，邓剑伟. 京津冀协同发展背景下电力行业的发展策略研究[J]. 技术经济与管理研究,2017(8):124－128.

[15]陈德胜，邓艳，张扬健，等. 我国钢铁行业 2020 年和 2030 年煤炭需求分析[J]. 煤炭经济研究，2015(8):39－42.

[16]孔祥忠. 降低水泥行业煤炭消耗总量减少二氧化碳排放[C]//中国国际水泥峰会,2015.

[17]宋继增. 河北省煤化工产业发展概述[J]. 煤炭与化工，2013,36(10):35－37.

[18]马庆强. 我国光伏产业发展的现状、问题及国际经验借鉴[J]. 上海经济，2016(4):22－29.

[19]内蒙古太阳能行业协会[EB/OL]. 2017. https://www.060694.com/p/crifk7.html.

[20]江华. 国内外光伏产业发展现状与趋势[J]. 太阳能，2016(12):15－17.

[21]中国光伏业再现抢装潮并网消纳症结待解[EB/OL]. http://www.010lm.com/roll/2017/0124/4874138.html.

[22]Li X，Hubacek K，L. S Y. Wind power in China - Dream or reality? [J]. Energy，2012,1(37):51－60.

[23]Zheng Hu，Jianhui Wang，John Byrne，et al. Review of wind power tariff policies in China[J]. ENERGY POLICY，2013,53:41－50.

[24]Zhang S. International competitiveness of China's wind turbine manufacturing industry and implications for future development[J]. RENEWABLE & SUSTAINABLE ENERGY REVIEWS，2012,16(6):3903－3909.

[25]Zhang S，Andrews－Speed P，Zhao X. Political and institutional analysis of the successes and failures of China's wind power policy[J]. ENERGY POLICY，2013,56:331－340.

[26]Yang J, Liu Q, Li X, et al. Overview of Wind Power in China _ Status and Future [J]. Sustainability, 2017, 8(9):1454.

[27]Yuan J, Sun S, Shen J, et al. Wind power supply chain in China[J]. RENEWABLE & SUSTAINABLE ENERGY REVIEWS, 2014,39:356—369.

[28]Yuan J, Na C, Xu Y, et al. Wind turbine manufacturing in China: A review[J]. RENEWABLE & SUSTAINABLE ENERGY REVIEWS, 2015,51:1235—1244.

[29]Li C B, Chen H Y, Zhu J E A. Environmental Turbulence Analysis of the Wind Power Industry Chain[J]. Applied Mechanics & Materials, 2014, 541—542:898—903.

[30]Li C, J. Yuan, Xia. F. Linguistic assessment information risky multi—criteria decision—making about wind power investment [J]. Journal of Intelligent & Fuzzy Systems, 2016,30(5):3017—3023.

[31]Gottschamer L, Zhang Q. Interactions of factors impacting implementation and sustainability of renewable energy sourced electricity[J]. RENEWABLE & SUSTAINABLE ENERGY REVIEWS, 2016,65:164—174.

[32]Zhao X, Ren L. Focus on the development of offshore wind power in China: Has the golden period come? [J]. RENEWABLE ENERGY, 2015,81:644—657.

[33]Enevoldsen P, Valentine S V. Do onshore and offshore wind farm development patterns differ? [J]. Energy for Sustainable Development, 2016(35):41—51.

[34]Snyder B, Kaiser M J. Ecological and economic cost—benefit analysis of offshore wind energy[J]. RENEWABLE ENERGY, 2009,34(6):1567—1578.

[35]He Z, Xu S, Shen W, et al. Review of factors affecting

China's offshore wind power industry[J]. RENEWABLE & SUSTAINABLE ENERGY REVIEWS, 2016,56:1372—1386.

[36]Qin C, Saunders G, Loth E. Offshore wind energy storage concept for cost—of—rated—power savings[J]. APPLIED ENERGY, 2017,201:148—157.

[37]Hirth L, Ueckerdt F, O. E. Integration costs revisited-An economic framework for wind and solar variability [J]. Renewable Energy, 2015,74:925—939.

[38]Budischak C, Sewell D, Thomson H, et al. Cost—minimized combinations of wind power, solar power and electrochemical storage, powering the grid up to 99.9% of the time (vol 225, pg 60, 2013)[J]. JOURNAL OF POWER SOURCES, 2013,232:402.

[39]Billionnet A, Costa M, Poirion P. Robust optimal sizing of a hybrid energy stand—alone system[J]. EUROPEAN JOURNAL OF OPERATIONAL RESEARCH, 2016,254(2): 565—575.

[40]Wang X, Palazoglu A, El—Farra N H. Operational optimization and demand response of hybrid renewable energy systems[J]. APPLIED ENERGY, 2015,143:324—335.

[41]Zakariazadeh A, Jadid S, Siano P. Economic—environmental energy and reserve scheduling of smart distribution systems: A multiobjective mathematical programming approach[J]. ENERGY CONVERSION AND MANAGEMENT, 2014,78: 151—164.

[42]Brouwer A S, van den Broek M, Zappa W, et al. Least-cost options for integrating intermittent renewables in low—carbon power systems[J]. APPLIED ENERGY, 2016,161:48—74.

[43]Mohammadi S, Soleymani S, Mozafari B. Scenario—

based stochastic operation management of MicroGrid including Wind, Photovoltaic, Micro－Turbine, Fuel Cell and Energy Storage Devices[J]. INTERNATIONAL JOURNAL OF ELECTRICAL POWER & ENERGY SYSTEMS, 2014,54:525－535.

[44]Prasad A A, Taylor R A, Kay M. Assessment of solar and wind resource synergy in Australia[J]. APPLIED ENERGY, 2017,190:354－367.

[45] Huber M, Dimkova D, Hamacher T. Integration of wind and solar power in Europe: Assessment of flexibility requirements[J]. ENERGY, 2014,69(SI):236－246.

[46]Al－Falahi M D A, Jayasinghe S D G, Enshaei H. A review on recent size optimization methodologies for standalone solar and wind hybrid renewable energy system[J]. ENERGY CONVERSION AND MANAGEMENT, 2017,143:252－274.

[47]de Jong P, Kiperstok A, Sanchez A S, et al. Integrating large scale wind power into the electricity grid in the Northeast of Brazil[J]. ENERGY, 2016,100:401－415.

[48]de Jong P, Dargaville R, Silver J, et al. Forecasting high proportions of wind energy supplying the Brazilian Northeast electricity grid[J]. APPLIED ENERGY, 2017,195:538－555.

[49]Laslett D, Carter C, Creagh C, et al. A large－scale renewable electricity supply system by 2030: Solar, wind, energy efficiency, storage and inertia for the South West Interconnected System (SWIS) in Western Australia[J]. RENEWABLE ENERGY, 2017,113:713－731.

[50] Mendoza－Vizcaino J, Sumper A, S G. PV, Wind and Storage Integration on Small Islands for the Fulfilment of the 50－50 Renewable Electricity Generation Target [J]. Sustainability, 2017, 9(905):1－29, 2017,905(9):1－29.

[51]Domenech B, Ferrer－Marti L, Lillo P, et al. A com-

munity electrification project: Combination of microgrids and household systems fed by wind, PV or micro-hydro energies according to micro-scale resource evaluation and social constraints [J]. ENERGY FOR SUSTAINABLE DEVELOPMENT, 2014, 23:275-285.

[52]Amrollahi M H, Bathaee S M T. Techno-economic optimization of hybrid photovoltaic/wind generation together with energy storage system in a stand-alone micro-grid subjected to demand response[J]. APPLIED ENERGY, 2017,202:66-77.

[53]Jurasz J. Modeling and forecasting energy flow between national power grid and a solar-wind-pumped-hydroelectricity (PV-WT-PSH) energy source[J]. ENERGY CONVERSION AND MANAGEMENT, 2017,136:382-394.

[54]Randers J, Goluke U, Wenstop F, et al. A user-friendly earth system model of low complexity: the ESCIMO system dynamics model of global warming towards 2100[J]. EARTH SYSTEM DYNAMICS, 2016,7(4):831-850.

[55]Guo X, Guo X. China's photovoltaic power development under policy incentives: A system dynamics analysis[J]. ENERGY, 2015,93(1):589-598.

[56]Guo X, Guo X. Nuclear power development in China after the restart of new nuclear construction and approval: A system dynamics analysis[J]. RENEWABLE & SUSTAINABLE ENERGY REVIEWS, 2016,57:999-1007.

[57]何伟，董琳，秦宁，等. 天津市节能减排绩效及经济效益协调性研究[J]. 中国人口·资源与环境，2011,21(06):110-117.

[58]孟庆春，黄伟东，戎晓霞. 灰霾环境下能源效率测算与节能减排潜力分析——基于多非期望产出的NH-DEA模型[J]. 中国管理科学，2016,24(08):53-61.

[59]崔百胜，朱麟. 基于内生增长理论与GVAR模型的能

源消费控制目标下经济增长与碳减排研究[J]. 中国管理科学，2016,24(01):11—20.

[60]谭忠富，吴恩琦，鞠立伟，等. 区域间风电投资收益风险对比分析模型[J]. 电网技术，2013,37(03):713—719.

[61]孙花. 北京市经济增长与节能减排关系及绩效研究[D]. 首都经济贸易大学，2016.

[62]刘源. C火电投资项目经济评价分析[D]. 华北电力大学，2015.